중기 이유식 스케줄(7~8개월 아기)

중기 이유식에서는 총 8주 분량의 식단을 실었습니다.
8주 이상의 기간을 중기 이유식기로 잡은 아기에게는 앞서 먹였던 중기 이유식 중,
아기가 잘 먹었던 재료를 골고루 조합하여 엄마만의 메뉴로 만들어주세요.

		MON	TUE	WED	THU	FRI	SAT	SUN	
1 WEEK	아침	완두감자비타민죽			고구마양배추죽				**1주차 간식** 두유, 오이감자매시, 사과퓌레
	저녁	쇠고기양배추감자죽			닭고기고구마비타민죽				
	확인	월 일	월 일	월 일	월 일	월 일	월 일	월 일	
2 WEEK	아침	연두부검은콩죽			완두당근죽				**2주차 간식** 배퓌레, 두유, 고구마 시금치매시
	점심	쇠고기완두죽			닭고기브로콜리당근죽				
	확인	월 일	월 일	월 일	월 일	월 일	월 일	월 일	
3 WEEK	아침	검은콩양파죽			오이감자죽				**3주차 간식** 두유, 단호박옥수수 매시, 사과퓌레
	점심	쇠고기청경채감자죽			닭고기청경채연두부죽				
	확인	월 일	월 일	월 일	월 일	월 일	월 일	월 일	
4 WEEK	아침	애호박양파미역죽			달걀애호박완두죽				**4주차 간식** 검은콩바나나 매시, 배퓌레, 사과퓌레
	점심	닭고기검은콩달걀죽			쇠고기미역죽				
	확인	월 일	월 일	월 일	월 일	월 일	월 일	월 일	
5 WEEK	아침	단호박버섯완두죽			시금치달걀완두죽				**5주차 간식** 검은콩바나나 매시, 두유, 분유쿠키
	점심	닭고기시금치호박죽			쇠고기단호박양배추죽				
	확인	월 일	월 일	월 일	월 일	월 일	월 일	월 일	
6 WEEK	아침	옥수수검은콩양파죽			배연근죽				**6주차 간식** 바나나퓌레, 오이감자매시, 고구마시금치 매시
	점심	닭고기연근비타민죽			쇠고기옥수수비타민죽				
	확인	월 일	월 일	월 일	월 일	월 일	월 일	월 일	
7 WEEK	아침	연근양파미역죽			달걀연근완두죽				**7주차 간식** 단호박옥수수 매시, 분유쿠키, 두유
	점심	닭고기완두달걀죽			쇠고기미역죽				
	확인	월 일	월 일	월 일	월 일	월 일	월 일		
8 WEEK	아침	고구마브로콜리검은콩죽			완두당근고구마죽				**8주차 간식** 단호박달걀볼, 사과퐁뒤, 고구마만주
	점심	쇠고기완두죽			닭고기브로콜리당근죽				
	확인	월 일	월 일	월 일	월 일	월 일	월 일	월 일	

●●● 아기 이유식 스케줄

이름 :							
생일 :							
키 :	(4개월)	(5개월)	(6개월)	(7개월)	(8개월)	(9개월))	(10개월)
몸무게 :	(4개월)	(5개월)	(6개월)	(7개월)	(8개월)	(9개월))	(10개월)
좋아하는 음식 :							

아기 사진을
붙이세요

초기 이유식 스케줄(4~6개월 아기)

① 초기 이유식에서는 총 9주 분량의 식단을 실었습니다. 초기 이유식 기간을 9주 이상으로 잡은 아기에게는 앞서 먹였던 이유식 중, 알레르기가 있었거나 아기가 잘 먹지 않았던 재료를 다시 한 번 만들어주면 의외로 잘 먹을 수도 있답니다. 재료에 따른 아기의 반응에 따라 이후 이유식에서 조절하면서 만들면 됩니다.
② 초기 이유식의 주차별 식재료 순서는 가급적 지키고(아기가 단맛부터 맛을 알게 되면 다른 재료를 먹이기 어려울 수 있습니다. 3일치와 4일치는 만들어진 양에 따라서 조절 가능합니다.

	MON	TUE	WED	THU	FRI	SAT	SUN
1 WEEK			쌀미음				
	월 일	월 일	월 일	월 일	월 일	월 일	월 일
2 WEEK	오이미음			애호박미음			
	월 일	월 일	월 일	월 일	월 일	월 일	월 일
3 WEEK	브로콜리미음			청경채미음			
	월 일	월 일	월 일	월 일	월 일	월 일	월 일
4 WEEK	고구마미음			감자미음			
	월 일	월 일	월 일	월 일	월 일	월 일	월 일
5 WEEK	양배추미음			단호박미음			
	월 일	월 일	월 일	월 일	월 일	월 일	월 일
6 WEEK	감자완두미음			쇠고기미음			
	월 일	월 일	월 일	월 일	월 일	월 일	월 일
7.8 WEEK	고구마브로콜리미음			닭고기미음			
	월 일	월 일	월 일	월 일	월 일	월 일	월 일
9 WEEK	사과미음			배미음			
	월 일	월 일	월 일	월 일	월 일	월 일	월 일

후기 이유식 스케줄(9~10개월 아기)

후기 이유식에서는 총 8주 분량의 이유식 식단을 실었습니다. 본문에는 3주 월화수 식단 만드는 것까지만 소개하였어요. 나머지 기간은 공식대로 제가 만든 메뉴 식단표로만 제공합니다. 이 기간에는 엄마의 재치를 발휘하여 아기가 잘 먹는 이유식이나 아기가 거부했던 이유식 등을 먹이면서 아기의 건강한 식습관을 잡아주기 위해 노력해보세요. 가끔씩은 엄마만의 특별식도 좋겠습니다.

		MON	TUE	WED	THU	FRI	SAT	SUN	
1 WEEK	아침	쇠고기고구마가지달걀진밥			쇠고기무배숙주완두진밥			아기는 잘 먹고 엄마는 편한 후기 이유식으로 준비해보세요.	**1주차 간식** 흑임자 두유, 아기 요구르트, 요구르트퐁뒤
	점심	닭고기우엉양배추사과진밥			닭고기브로콜리단호박버섯리소토				
	저녁	가자미고구마가지치즈진밥			멸치당근브로콜리완두버섯진밥				
	확인	월 일	월 일	월 일	월 일	월 일	월 일	월 일	
2 WEEK	아침	쇠고기감자브로콜리사과진밥			쇠고기감자시금치미역진밥			아기는 잘 먹고 엄마는 편한 후기 이유식으로 준비해보세요.	**2주차 간식** 단호박달걀불, 제철 과일 (알레르기 확인), 아기 치즈
	점심	닭고기당근애호박숙주김진밥			닭고기연근애호박완두진밥				
	저녁	새우브로콜리숙주진밥			갈치감자옥수수두부진밥				
	확인	월 일	월 일	월 일	월 일	월 일	월 일	월 일	
3 WEEK	아침	쇠고기비트양배추콩가루진밥			쇠고기감자청경채두부진밥			아기는 잘 먹고 엄마는 편한 후기 이유식으로 준비해보세요.	**3주차 간식** 자두퐁뒤, 고구마만주, 분유쿠키
	점심	닭고기당근양배추건포도진밥			닭고기감자가지콩나물진밥				
	저녁	대구당근아욱콩나물진밥			조기청경채가지콩나물진밥				
	확인	월 일	월 일	월 일	월 일	월 일	월 일	월 일	
4 WEEK	아침	쇠고기감자가지달걀진밥			쇠고기고구마옥수수완두진밥			아기는 잘 먹고 엄마는 편한 후기 이유식으로 준비해보세요.	**4주차 간식** 단호박달걀불, 키위퐁뒤, 아기 뻥튀기과자
	점심	닭고기우엉시금치배진밥			닭고기브로콜리단호박두부리소토				
	저녁	가자미감자가지치즈진밥			멸치브로콜리완두두부진밥				
	확인	월 일	월 일	월 일	월 일	월 일	월 일	월 일	
5 WEEK	아침	쇠고기양파아욱가지진밥			쇠고기감자청경채미역진밥			아기는 잘 먹고 엄마는 편한 후기 이유식으로 준비해보세요.	**5주차 간식** 제철 과일 (알레르기 확인), 분유쿠키, 감자퐁뒤
	점심	닭고기당근애호박김진밥			닭고기연근애호박검은콩진밥				
	저녁	새우아욱당근콩나물진밥			갈치감자대추콩가루진밥				
	확인	월 일	월 일	월 일	월 일	월 일	월 일	월 일	
6 WEEK	아침	쇠고기고구마배달걀진밥			쇠고기고구마배달걀진밥			아기는 잘 먹고 엄마는 편한 후기 이유식으로 준비해보세요.	**6주차 간식** 흑임자두유, 바나나퐁뒤, 아기 치즈
	점심	닭고기감자근대사과진밥			닭고기감자근대사과진밥				
	저녁	가자미고구마가지치즈진밥			가자미고구마가지치즈진밥				
	확인	월 일	월 일	월 일	월 일	월 일	월 일	월 일	
7 WEEK	아침	쇠고기감자아욱사과진밥			쇠고기감자배추콩가루진밥			아기는 잘 먹고 엄마는 편한 후기 이유식으로 준비해보세요.	**7주차 간식** 고구마퐁뒤, 아기 요구르트, 아기 뻥튀기과자
	점심	닭고기비트가지숙주김진밥			닭고기연근대추완두진밥				
	저녁	멸치아욱숙주치즈진밥			갈치감자옥수수두부진밥				
	확인	월 일	월 일	월 일	월 일	월 일	월 일	월 일	
8 WEEK	아침	쇠고기우엉양배추치즈진밥			쇠고기무아욱오이진밥			아기는 잘 먹고 엄마는 편한 후기 이유식으로 준비해보세요.	**8주차 간식** 단호박달걀불, 사과퐁뒤, 고구마만주
	점심	닭고기당근양배추사과진밥			닭고기당근애호박김진밥				
	저녁	새우우엉비타민콩나물진밥			조기당근아욱오이진밥				
	확인	월 일	월 일	월 일	월 일	월 일	월 일	월 일	

입맛 까칠한 아기 사로잡는

윤선생의

초간단
이유식
공식

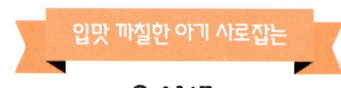

입맛 까칠한 아기 사로잡는

윤선생의
초간단 이유식 공식

2015년 11월 5일 1판 1쇄 인쇄
2015년 11월 10일 1판 1쇄 발행

지은이 | 윤주형
발행인 | 최한숙
펴낸곳 | BM 성안북스
주소 | 121-838 서울시 마포구 양화로 127 첨단빌딩 5층(출판기획 R&D 센터)
　　　 413-120 경기도 파주시 문발로 112(제작 및 물류)
전화 | 02)3142-0036, 031)950-6386
팩스 | 031)955-6388
등록 | 1978.9.18 제406-1978-000001호
출판사 홈페이지 | www.cyber.co.kr
이메일 문의 | sunganbooks@navor.com
ISBN | 978-89-7067-297-7 (13590)
정가 | 13,800원

이 책을 만든 사람들
책임 | 전희경
편집 진행 | 강지예
교정교열 | 전남희
요리·사진 | 윤주형
디자인 | 바이차이 차진욱, 장민희, 김진주 (02-583-3672)
홍보 | 전지혜
마케팅 | 구본철, 차정욱, 나진호, 이동후, 강호묵
제작 | 김유석

입맛 까칠한 아기 사로잡는

윤선생의
초간단
이유식
공식

윤주형 지음

BM 성안북스

다시 오지 않을 이 시기를
아기도 행복하고,
엄마도 행복하도록
맘껏 누리셨으면 합니다.

저희 아기는 흔히 말하는 아기 입맛이 아닙니다. 달달한 음식보다는 구수한 음식을 좋아하거든요. 바나나우유는 안 먹지만 현미우유는 좋아하고, 고소하고 달달한, 맛이 강한 시판 피자보다는 집에서 만든 밍밍한 퓨전 피자를 더 잘 먹습니다. 반찬도 햄이나 소시지 같은 가공된 음식은 싫어하고 나물 반찬은 손으로 막 집어 먹습니다. 밥도 그냥 흰쌀밥보다는 콩밥을 좋아합니다. 콩 먹는 재미로 밥을 먹는다고 해도 과언이 아니지요. 건강한 음식으로 입맛이 길들여진 것 같아 나름 뿌듯해하고 있습니다. 이렇게 된 데는 무난히 잘 먹는 여러 가지 재료로 다양한 요리를 해준 것에 약간의 공을 돌려도 되지 않을까 생각합니다.

우리 아기가 처음부터 이렇게 잘 먹은 것은 아니였습니다. 사실 저는 입 짧고 까칠한(?) 첫 아기를 키우면서 무척 힘들었답니다.
아무리 눈에 넣어도 안 아플 내 새끼지만, 정성 들인 이유식을 안 먹는 것으로 마음이 상하고 나면 눈 맞추기도 싫고, 안아주기도 쉽지 않습니다. 겨우겨우 마음을 추스르고 돌아서면 금방 다음 식사 시간. 혹시나 하면서 온 부엌을 전쟁터로 만들며 없는 솜씨에 이유식을 만들어 줘보지만, 또다시 반복되는 먹는 전쟁.

이유식을 거부하는 아기 때문에 아기가 미워질 정도로 힘들었을 때, 다시 마음을 가다듬고 아기를 관찰하고 분석하고 실험(?)했습니다. 곤란한 상황이 닥칠 때마다 나름의 패턴을 발견했고 그에 대한 대처 방법을 만들었습니다. 이 책은 그런 저 나름대로의 노력한 결과의 산물입니다.

안 먹는다고 엄마가 화를 내는 이유는 내 아기이기 때문입니다. 안 먹는다고 초코과자로 끼니를 때우게 할 수 없는 이유도, 외면당하지만 포기하지 않고 또 장 보러 나서는 이유도, 내 아기의 엄마이기 때문입니다.

이유식은 꼭 레시피대로 정확히 계량하고 번거로운 모든 과정을 거쳐서 만들어야 하는 것은 아닙니다. 기본 원칙을 지키되, 아기의 건강과 입맛을 고려하여(사실은 돌 전부터 소금 한두 톨을 넣어 먹이는 것도 나쁘지 않을 만큼) 엄마의 사랑하는 마음을 담아주면 되는 거지요.

첫 아기 이유식 때 잘해 먹여볼 요량으로 이유식 관련 책을 구입하여 정말 열심히 따라서 만들어 먹였습니다. 그런데 현실은 다르더군요. 분명히 책에는 잘 먹는 이유식이라고 되어 있는데, 분명 어떤 엄마의 블로그에선 아기가 한 그릇 싹싹 비웠다고 했는데…. 왜. 왜. 왜. 우리 아이는 쳐다보지도 않는 건지…. 기존의 레시피들은 계량컵이 없으면 만들지 못할 것처럼 보이는, 요리 못하는 저 같은 엄마에게는 좀처럼 넘볼 수 없는 산인 경우가 많아 엄두를 내기 힘든 것도 사실입니다.

저는 키 작은 부모를 만난 우리 아기에게, 건강한 음식을 좋아하는 입맛만큼은 꼭 가지게 해주고 싶었습니다. 복잡한 레시피에 대한 두려움, 사 먹이는 이유식의 유혹, 극복하기 힘든 저질 체력을 모두 감안하자면 한도 끝도 없었지만 오직 아기만 생각했습니다. 엄마의 입장에서, 엄마의 마음으로 애를 쓰다 보니 입맛 까다로운 아기도 세 번 상을 차리면 두 번 정도는 잘 먹어주는 일이 생기곤 하더라고요.

각 이유식 단계에 맞고 아기가 잘 먹을 수 있는, 최대한 간단하고 만들기 편하며 아기가 거부하더라도 포기하지 않을 만한 이유식 만드는 법을 찾아내려고 노력했고 그것을 이제 주위의 힘든 엄마들과 나누고자 합니다.

엄마가 행복해야 엄마만 바라보는 아기도 행복합니다. 이유식에 스트레스 받지 않고 아기와 눈 맞추며 웃는 엄마, 아기의 사랑스러운 손짓 눈짓 하나하나 가슴과 눈에 새기는 엄마, 다시 오지 않을 이 시기를 이 책과 함께 맘껏 누리는 행복한 엄마들이 늘어나길 간절히 바라고 기도합니다.

밤바, 봄보 맘 드림

수학 선생 윤선생,
이유식에 대한
'초간단 공식'을 만들다

안녕하세요. 부산에 사는 수학 선생 '윤선생'입니다.

수학 말만 들어도 일단 고개부터 돌리는 분들이 많으신데 저 역시 그중의 한 명 이었다면… 웃으시려나요? 하지만 운명처럼 함께한 수학과의 세월 덕에 제 의지와 상관없이 저의 사고 방식은 '수학적 틀'에서 벗어나지 못하고 있는 것 같습니다. 이유식을 만들 때도 공식이 없는 것에 갑갑함을 느꼈다는 게 그 증거겠지요?

극히 평범한 저의 학생들은 종종 "도대체 누가 제2코사인 공식 따위를 만들어서 우리를 힘들게 하느냐"며 투정을 부리곤 합니다.

저는 그 마음 충분히 이해하면서도 "그럼 그 공식 없이 문제 한번 풀어보자"로 응수합니다. 공식 없이 문제를 풀면 시간이 몇 배 이상 걸리는 걸 보여주고 싶어서지요.

물론 "수학 = 공식"은 아닙니다. 하지만 공식이 있기 때문에 깊이 있는 사고를 할 수 있는 것은 명백한 사실이지요. 구구단을 먼저 외워야 두 자리수 곱셈을 할 수 있다는 건 당연한 이치니까요. 이유식도 마찬가지라고 생각합니다. 시중의 책에 나와 있는 너무나 복잡해 보이고 제각각인 레시피를 보면서 요리를 못하는 엄마들이 처음 용기 내어 해보려고 하면 보기만 해도 질려버리겠다는 생각을 했었지요. 게다가 완료기에 들어서면 아기들이 잘 먹지 않아서 고민되는 부분이 많은데 그 상황에 대처할 수 있는 공식 같은 방법이 있으면 더 좋지 않을까 하는 생각도 했습니다.

거창하게 말을 시작하긴 했지만, 사실 둘째 아기 때는 같은 실수를 번복하고 싶지 않았고, 좀 더 편하게 만들고 싶었기 때문에 다음번엔 '이런 순서, 이런 방법으로 만들자'라고 하며 저 나름의 정리(공식)를 만들어놓았던 거고요, 그렇게 시작된 이 '윤선생의 정리'가 저 외에도 이유식으로 힘들어 하는 많은 동료 엄마들에게 도움이 되었으면 좋겠다는 바람입니다.

잘 안먹는 아기 엄마의 마음을 위로하는 『초간단 이유식 공식』

(어떤 수)×0=0

엄마의 마음이 0이라면
그 어떤 이유식이라도
영양가는 0이다.

정성이 모자란 날은
마음이라도 듬뿍 담자.

교환법칙
A+B=B+A

밥 먹고 간식 먹나
간식 먹고 밥 먹나
똑같다.

맘 편히 먹이자.

결합법칙
(A+B)+C=
A+(B+C)

오늘, 내일 잘 먹는거나
내일, 모레 잘 먹는 거나 똑같다.

오늘 안 먹었으니
내일은 잘 먹겠지….

도형의 닮음:
**크기를 제외한 모든 부분이
같은 두 도형의 관계**

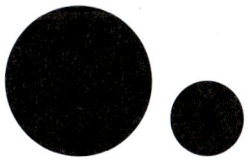

엄마 아빠 얼굴
쏙 빼닮은 내 아기,
언젠가는 없어서 못 먹는
엄마 입맛 따라 가겠지?

삼각형 세 내각의
크기의 합은
180°이다.

하루 이유식 총량은
정해져 있다.

아침 점심 거부했으니 설마…
저녁은 먹어주겠지!!

두 직선의
기울기가 같으면
만나지 않는다.

아기와 엄마의 기울기가 같으면
가까워질 수 없다.

0세 아기랑 기싸움 해서
뭐하겠어.

CONTENTS

004 프롤로그 1
006 프롤로그 2

 ## PART 1

이유식을 위한 준비

016 윤선생 이유식의 기본 원칙
018 언제든 손쉽게 만들 수 있는 재료 손질과 보관법
020 이유식 잘 먹는 아기를 위해 기억할 것들
022 빠른 이유식를 돕는 조리 도구
024 이유식 시기별 재료의 크기와 농도

mom's letter

026 바쁜 엄마를 위한 가장 현실적인 이유식 책
028 나의 육아 개똥 철학
030 아들 둘 엄마의 육아 꼼수
036 육아 스트레스를 푸는 나만의 비법
038 수학 선생 윤선생 아기의 수학 두뇌는?
044 이유식 기간 아빠의 밥상은?

 ## PART 2

초기 이유식(4~6개월 아기)

1WEEK~9WEEK

056 초기 이유식 단계별 진행 공식
057 초기 이유식 식단표

1 WEEK ● 초기 이유식 첫째 주
058 쌀미음
2 WEEK ● 초기 이유식 둘째 주
060 오이미음, 애호박미음
3 WEEK ● 초기 이유식 셋째 주
062 브로콜리미음, 청경채미음
4 WEEK ● 초기 이유식 넷째 주
064 고구마미음, 감자미음
5 WEEK ● 초기 이유식 다섯째 주
066 양배추미음, 단호박미음
6 WEEK ● 초기 이유식 여섯째 주
068 감자완두미음, 쇠고기미음
7.8 WEEK ● 초기 이유식 일곱·여덟째 주
070 고구마브로콜리미음, 닭고기미음
9 WEEK ● 초기 이유식 아홉째 주
072 사과미음, 배미음

PART 3
중기 이유식(7~8개월 아기)

1WEEK~6WEEK

076 중기 이유식 진행 방법
076 초간단 이유식의 비결과 해동 방법
077 전기 찜기 이유식의 특징
077 전기 압력밥솥 이유식의 특징
078 중기 이유식 식단표
079 mom's letter
     이유식을 하는 나의 냉장고 속 비밀 병기

080 윤선생의 이유식 처방 공식
     Q 아가야… 왜! 도대체 왜! 이유식을 먹지 않는 거니?
     A 아직, 배가 고프지 않은 겁니다
     A 아기가 아플 수 있어요

1 WEEK ● 중기 이유식 첫째 주
082 1주차 재료 한 번에 준비하기
083 1주차 이유식 공식
     월·화·수 : 완두감자비타민죽, 쇠고기양배추감자죽
     목·금·토·일 : 고구마양배추죽, 닭고기고구마비타민죽

084 전기 찜기 이용편
086 전기 밥솥 이용편

088 윤선생의 이유식 처방 공식
     Q 아가야… 왜! 도대체 왜! 이유식을 먹지 않는 거니?
     A 속도가 너무 빠르거나 느려요

2 WEEK ● 중기 이유식 둘째 주
090 2주차 재료 한 번에 준비하기
091 2주차 이유식 공식
     월·화·수 : 연두부검은콩죽, 쇠고기완두죽
     목·금·토·일 : 완두당근죽, 닭고기브로콜리당근죽

092 윤선생의 이유식 처방 공식
     Q 아가야… 왜! 도대체 왜! 이유식을 먹지 않는 거니?
     A 수면 교육이 제대로 이루어지지 않았네요

3 WEEK ● 중기 이유식 셋째 주
094 3주차 재료 한 번에 준비하기
095 3주차 이유식 공식
     월·화·수 : 검은콩양파죽, 쇠고기청경채감자죽
     목·금·토·일 : 오이감자죽, 닭고기청경채연두부죽

096 윤선생의 이유식 처방 공식
     Q 아가야… 왜! 도대체 왜! 이유식을 먹지 않는 거니?
     A 즐거운 식사 시간을 만들어주세요

4 WEEK ● 중기 이유식 넷째 주
098 4주차 재료 한 번에 준비하기
099 4주차 이유식 공식
     월·화·수 : 애호박양파미역죽, 닭고기검은콩달걀죽
     목·금·토·일 : 달걀애호박완두죽, 쇠고기미역죽

100 윤선생의 이유식 처방 공식
     Q 아가야… 왜! 도대체 왜! 이유식을 먹지 않는 거니?
     A 아기의 컨디션을 살펴보세요
     A 먹는 즐거움을 알게 해주세요

5 WEEK ● 중기 이유식 다섯째 주
102 5주차 재료 한 번에 준비하기
103 5주차 이유식 공식
     월·화·수 : 단호박버섯완두죽, 닭고기시금치단호박죽
     목·금·토·일 : 시금치달걀완두죽, 쇠고기단호박양배추죽

104 윤선생의 이유식 처방 공식
     Q 아가야… 왜! 도대체 왜! 이유식을 먹지 않는 거니?
     A 아기의 음식 취향을 파악하세요

6 WEEK ● 중기 이유식 여섯째 주
106 6주차 재료 한 번에 준비하기
107 6주차 이유식 공식
     월·화·수 : 옥수수검은콩양파죽, 닭고기연근비타민죽
     목·금·토·일 : 배연근죽, 쇠고기옥수수비타민죽

중기 아기 간식
108 오이감자매시, 고구마시금치매시,
109 단호박옥수수매시, 검은콩바나나매시
110 두유, 배퓌레
111 분유쿠키, 사과퓌레

PART 4
후기 이유식(9~10개월 아기)

1WEEK~3WEEK

114 후기 이유식 진행 방법
115 후기 이유식 셀프 식단 짜기
115 윤선생의 알찬 팁
116 후기 이유식 식단표
117 mom's letter
　　　믹스 커피 가장 맛있게 먹는 방법

1 WEEK ● 월·화·수
119 후기 이유식 1주차 월·화·수 식단 공식
120 1주차 월·화·수 재료 한 번에 준비하기
121 1주차 월·화·수 이유식 공식
　　아침 : 쇠고기고구마가지달걀진밥
　　점심 : 닭고기우엉양배추사과진밥
　　저녁 : 가자미고구마가지치즈진밥

122 전기 찜기 이용편
123 전기 밥솥 이용편

1 WEEK ● 목·금·토
124
125 후기 이유식 1주차 목·금·토 식단 공식
126 1주차 목·금·토 재료 한 번에 준비하기
127 1주차 목·금·토 이유식 공식
　　아침 : 쇠고기무배숙주완두진밥
　　점심 : 닭고기브로콜리단호박버섯리소토
　　저녁 : 멸치당근완두브로콜리버섯진밥

2 WEEK ● 월·화·수
128
129 후기 이유식 2주차 월·화·수 식단 공식
130 2주차 월·화·수 재료 한 번에 준비하기
131 2주차 월·화·수 이유식 공식
　　아침 : 쇠고기감자브로콜리사과진밥
　　점심 : 닭고기당근애호박숙주김진밥
　　저녁 : 새우감자브로콜리숙주진밥

132 **2 WEEK ● 목·금·토**
133 후기 이유식 2주차 목·금·토 식단 공식
134 2주차 목·금·토 재료 한 번에 준비하기
135 2주차 목·금·토 이유식 공식
　　아침 : 쇠고기감자시금치미역진밥
　　점심 : 닭고기연근애호박완두진밥
　　저녁 : 갈치감자옥수수두부진밥

136 **3 WEEK ● 월·화·수**
137 후기 이유식 3주차 월·화·수 식단 공식
138 3주차 월·화·수 재료 한 번에 준비하기
139 3주차 월·화·수 이유식 공식
　　아침 : 쇠고기비트양배추콩가루진밥
　　점심 : 닭고기당근양배추건포도진밥
　　저녁 : 대구당근아욱콩나물진밥

이유식 거부하는 아기를 위한 특별한 메뉴
140 특별한 메뉴 1 : 달걀이유식찜
141 특별한 메뉴 2 : 이유식전
142 특별한 메뉴 3 : 크림피시소면
143 특별한 메뉴 4 : 아기용 백숙

아기 입맛 저격 이유식 드레싱
144 이유식 드레싱 1 : 단호박 드레싱
144 이유식 드레싱 2 : 콩거트 드레싱
145 이유식 드레싱 3 : 화이트 크림드레싱
145 이유식 드레싱 4 : 과일 드레싱

후기 아기 간식
146 후기 아기 간식 1 : 흑임자두유
147 후기 아기 간식 2 : 단호박달걀볼
148 후기 아기 간식 3 : 수제 요구르트
148 후기 아기 간식 4 : 퐁뒤
149 후기 아기 간식 5 : 고구마만주

PART 5
완료기 이유식(11~13개월 아기)

152 완료기 이유식 진행 방법
153 안 먹는 아기에 대처하는 기본 자세

154 **윤선생의 이유식 처방 공식 1**
건강한 재료로 입맛 길들이기

155 **main 1 ● 올바른 감자 이유식**
156 감자당근짜조
157 토르티야 데 파타타
158 감자시금치전
159 아기크로켓

160 **main 2 ● 올바른 마요네즈 이유식**
161 쇠고기범벅
162 김치마요덮밥
163 알밥푸딩
164 오코노미야키

165 **main 3 ● 올바른 흰살 생선 이유식**
166 미역생선덮밥
167 생선살현미밥전
168 생선달래비빔밥

169 **main 4 ● 올바른 고구마 이유식**
170 고구마김치전
171 브로콜리고구마김밥
172 아기고구마쇠고기강정
173 고구마카레전

174 **main 5 ● 올바른 새우 이유식**
175 새우스테이크
176 갈릭슈림프리소토
177 새우채소전

178 **윤선생의 이유식 처방 공식 2**
낯선 음식 단계별로 적응시키기

● 딱딱해서 먹기 힘든 오이와 당근 먹이기
179 1단계 : 부드러운 에그샐러드
180 2단계 : 새콤달콤한 피클
181 3단계 : 놀면서 먹는 채소스틱

● 몸에 좋은 토마토 먹이기
182 1단계 : 부드러운 토마토소스
183 2단계 : 상큼한 토마토주스
184 3단계 : 웰빙 프라이드토마토

● 물컹물컹한 두부 먹이기
185 1단계 : 캐러멜 없는 캐러멜두부
186 2단계 : 고급진 일식 두부조림
187 3단계 : 두부의 참맛, 치즈두부부침

● 낯선 향기 카레 먹이기
188 1단계 : 향긋하게 변신한 카레주먹밥
189 2단계 : 매력 넘치는 카레러스크
190 3단계 : 스튜의 변신은 무죄, 카레스튜

● 텁텁한 콩 먹이기
191 1단계 : 코…코…콩? 흰콩크림수프
192 2단계 : 구수한 별미, 비지찌개
193 3단계 : '까까' 못지않은 완두콩강정

● 질긴 시금치 먹이기
194 1단계 : 아름답소 그대, 시금치감자전
195 2단계 : 삼남매의 합창, 콩시콩시전
196 3단계 : 뽀까뽀까, 시금치잡채

● 씹기 힘든 고기 먹이기
197 1단계 : 한 옛날에, 궁중떡볶이
198 2단계 : 베이비 뉴요커, 치킨컵밥
199 3단계 : 토실토실 아기돼지불고기

200 **윤선생의 이유식 처방 공식 3**
같은 재료 다른 음식 다양한 맛 경험

국수 응용 요리

2 0 1 　잔치국수
2 0 2 　먹다 남은 잔치국수전
2 0 3 　고소한 콩국수
2 0 4 　색다른 국수피자

밥새우 응용 요리

2 0 5 　밥새우볶음
2 0 6 　밥새우볶음밥
2 0 7 　밥새우랩
2 0 8 　밥새우김밥

참치마요 응용 요리

2 0 9 　참치마요덮밥
2 1 0 　참치마요컵밥
2 1 0 　참치마요주먹밥
2 1 1 　참치마요밥푸딩

떡볶이 떡 응용 요리

2 1 2 　떡국
2 1 2 　시루떡꼬치
2 1 3 　떡라자냐
2 1 3 　간장떡볶이

주먹밥 응용 요리

2 1 4 　주먹밥
2 1 5 　깨소금주먹밥
2 1 5 　김가루주먹밥
2 1 6 　주먹밥강정
2 1 7 　달걀소보로주먹밥

닭채소볶음 응용 요리

2 1 8 　닭채소볶음
2 1 9 　치킨베이크
2 2 0 　아기 찜닭
2 2 1 　치킨프리타타

윤선생의 이유식 처방 공식 4
2 2 2 　**굶어 죽겠다는 투지의 아기에게**
2 2 2 　잘 먹을 수 있는 환경을 만드세요
2 2 3 　아름다운 음식을 준비하세요
2 2 4 　식기류를 다양하게 준비하세요
2 2 5 　'스스로'가 관건입니다
2 2 6 　아기의 본능을 믿어주세요
2 2 7 　동영상 같은 책읽기

PART 6
유아식(13개월 이후~유치원생까지)

2 3 1 　윤선생의 이유식 처방 공식 5
　　　　입 짧은 아기 대처법

밥만 먹는 아이에게

2 3 2 　맨밥인듯 맨밥 아닌 밥
2 3 3 　하얀볶음밥 1
2 3 3 　하얀볶음밥 2

밥과 반찬을 한번에

2 3 4 　약밥
2 3 5 　밥말이
2 3 6 　밥크로켓
2 3 7 　밥스테이크
2 3 8 　밥만두

2 3 9 　윤선생의 이유식 처방 공식 6
　　　　아기 뱃고래 늘리기

주먹밥 요리 퍼레이드

2 4 0 　쇠고기김치치즈주먹밥
2 4 0 　브로콜리생선주먹밥
2 4 1 　참깨쇠고기주먹밥
2 4 1 　김된장주먹밥
2 4 2 　밥새우고구마주먹밥
2 4 2 　감자도깨비주먹밥
2 4 3 　멸치치즈주먹밥
2 4 3 　새우주먹밥
2 4 4 　참치샐러드주먹밥
2 4 4 　브로콜리치즈주먹밥
2 4 5 　달걀 얹은 주먹밥
2 4 5 　밤콩달걀주먹밥

비상 상비약 같은 김밥 요리

2 4 7 　멸치김밥
2 4 7 　치즈김밥

248 크래미김밥
248 어묵김밥
249 당근김밥
249 두부김밥
250 참치밥샌드

251 **윤선생의 이유식 처방 공식 7**
아빠 반찬 따라잡기

아빠처럼 앙~ 아기 반찬
252 단호박요구르트샐러드
252 미역전
253 파닭전
253 멸치양파전
254 감자완두콩조림
254 오이쇠고기볶음
255 고구마달걀찜
255 두부키슈
256 시금치참깨무침
256 무나물
257 호박나물
257 감자무침

258 **윤선생의 이유식 처방 공식 8**
까까 같은 맘마와 간식

까까인듯 간식 같은 한 끼
259 단호박롤
260 찰떡 오트밀
261 감자양파수프
262 바나나빵
262 우동샐러드
263 고구마테와 빵
263 옥수수수프
264 고구마볼
265 콩소메
266 분유크로통
267 사과크레페
268 아기새우깡
269 치즈롤빵과 사과주스

270 에필로그
건강한 입맛을 길러주는 엄마의 이유식

이 책에서 사용한 계량법입니다.
계량 때문에 어려워 마시고
밥숟가락으로
간단히 계량하세요.

1T = 밥숟가락 1(약 15ml)
1t = 찻숟가락 1(약 5ml)
1컵 = 종이컵 1(약 180ml)

한 뼘 길이 = 약 15cm 정도
1줌 = 약 25g 정도
야구공 크기 = 약 지름 7cm 정도
손바닥 크기 = 보통 어른 손

달걀 1개 = 약 50g
애호박 ½개 = 약 100g
양파 ¼개 = 약 50g

PART 1

이유식을 위한 준비

- 윤선생 이유식의 기본 원칙
- 언제든 손쉽게 만들 수 있는 재료 손질과 보관법
- 이유식 잘 먹는 아기를 위해 기억할 것
- 빠른 이유식을 돕는 조리 도구
- 이유식 시기별 재료의 크기와 농도

mom's letter one 바쁜 엄마를 위한 가장 현실적인 이유식 책

mom's letter two 나의 육아 개똥 철학

mom's letter three 아들 둘 엄마의 육아 꼼수

mom's letter four 육아 스트레스를 푸는 나만의 비법

mom's letter five 수학 선생 윤선생 아기의 수학 두뇌는?

mom's letter six 이유식 기간 아빠의 밥상은?

윤선생 이유식의 기본 원칙

이유식은 영어, 수학 조기교육보다 중요한 평생 내 아이의 입맛 조기교육입니다.
많이 먹이기보다 다양한 재료의 여러 가지 맛과 질감을 체험하게 하는 데 초점을 맞추고, 먹는 양에 집착하지 말고
식사는 즐거운 것이라는 것을 아이가 인지하도록 엄마가 편안한 마음으로 진행하세요.

1 이유 초기에는 여러 가지 음식을 섞지 말고 한 가지 음식을 주며, 양은 한 숟가락에서 시작해 점차 늘려갑니다. 또한 6개월부터는 고기 섭취가 중요합니다.

3일~일주일 간격을 두고 새로운 재료를 첨가합니다. 설사, 구토, 피부 발진 등이 나타나면 중지해야 해요. 음식 알레르기에 관련해서는 자가 진단을 하지 말고 반드시 전문의와 상담합니다. 또, 6개월 이후부터는 철분을 보충하기 위해 고기를 매일 먹여야 합니다.

모유 수유를 하는 아기의 경우 6개월에 이유식을 시작한다면, 쌀미음 후 쇠고기미음으로 바로 넘어간 다음, 다른 채소를 한 가지씩 추가하는 식으로 진행합니다.

꿀과 생우유는 잠재적 세균감염(생우유:우형결핵균, 꿀:살코빌리균)의 우려 때문에 돌 이전에는 절대로 먹여선 안 됩니다.

2 이유식은 생후 4~6개월(분유를 먹는 아기는 4개월, 모유를 먹는 아기는 6개월경 / 체중 6~7kg 정도)에 시작하는 것이 좋으며 어른들이 먹는 것을 유심히 바라보며 입을 오물거릴 때 시작해요. 처음에는 혀로 밀어내기도 하는데, 싫어서가 아니라 받아먹는 방법에 익숙하지 않기 때문이니까 잠시 쉬었다가 다시 시도해보세요.

저희 아기는 분유를 먹었기 때문에 이론대로 4개월에 시작하기는 했지만, 적응이 잘 안 되는지 자꾸 밀어내더군요. 이틀 정도 시도해보고 실패한 후, 일주일이 지나서 다시 도전했습니다. 그러나 역시나 힘들어 보여서 실제로는 한 달 후인 5개월에 시작하게 되었습니다. 지인의 아기는(모유 먹는 아기입니다) 엄마가 밥 먹는 걸 보면 침까지 흘리면서 쩝쩝거리기에 5개월이 안 되어 미음을 줘봤는데 첫날에 한 그릇을 비웠다고 하더군요. 그 말을 듣고 뭐든 정확한 시기가 있다기보다는 아기에게 맞추는 게 옳다는 걸 알게 되었지요. 하지만 반드시 4~6개월 사이에는 시작해야 합니다. 아기가 숟가락을 거부하는데도 억지로 먹이는 것은 바람직하지 않습니다. 하지만 이유식을 더 이상 미룰 수 없는 때라면 좀 더 작은 숟가락을 사용한다든지, 다른 숟가락을 아기에게 쥐어주고 놀게 하는 등의 방법으로 익숙해지도록 한 뒤 먹이는 것이 좋습니다.

3 초기에는 미음 같은 반유동식, 중기에는 두부 같은 부드러운 반고형식, 후기에는 죽밥 같은 고형식을 숟가락으로 먹이세요.

이유식은 숟가락으로 음식을 먹는 연습을 하는 시기입니다. 시기에 맞게 덩어리를 점점 키워서 밥에 익숙해지도록 해야 합니다. 이유식을 먹고 나면 보리차나 끓여서 식힌 물을 숟가락으로 먹여 입안을 헹궈주세요.

4 일정한 장소에서 일정한 시간에 먹여, 올바른 식습관을 형성할 수 있도록 도와주세요.

일정한 시간에 먹이는 것은 매우 중요합니다. 배꼽시계란 말이 있듯이 일정한 시간에 먹이면 신체 리듬에 의해 밥때를 알게 되어 밥을 먹지 않으려는 실랑이를 하지 않게 됩니다. 아기가 어렸을 때는 범보 의자나 엄마 무릎에 앉아서도 잘 먹습니다. 하지만 기어 다니거나 걷기 시작하면 주위의 물건에 관심이 많아 밥을 먹다가도 돌아다니고 싶어 합니다. 그럴 때 저는 부스터에 앉혀놓고(실은 가둬놓고) 먹였습니다. 부스터를 처음 사서 앉히면서 "이건 네 맘마 의자야. 밥 먹을 때마다 여기서 먹는 거야"라고 얘기해주고 의자를 좋아하게끔 의자에 앉혀놓고 책도 읽어주고 놀게 하면 더 좋지요.

또 막 서기 시작했을 때가 지나서 어느 정도 위험이 덜해지면 식탁 의자(하이체어)에 앉혀 식구들과 다 같이 먹게 하는 것이 아기의 입맛을 돋우는 데 도움이 됩니다. 아기가 배가 고프지 않으면 맘마 의자에 앉는 것을 싫어하게 됩니다. 최소 식사 시간 2~3시간 전에는 다른 간식을 주지 않는 것이 좋습니다.

6 매일 일정한 시간을 정해놓고 이유식을 주세요. 처음에는 오전 10시경, 수유 전에 이유식을 먼저 먹이세요.

너무 힘들어하는 아기의 경우 이유식을 먹이기 전 분유나 모유를 30ml 정도 애피타이저로 주는 방법도 괜찮습니다. 너무 배고픈데 익숙하지 않은 숟가락으로 이유식을 주면 거부하는 경우도 있거든요. 모유 수유가 힘들 때 분유로 먼저 입을 적셔주는 것과 같은 맥락이지요.

7 이유식은 중탕으로 체온 정도 데우는 것이 좋고, 전자레인지를 사용할 때는 데운 후 골고루 잘 섞으세요.

손으로 만져볼 때의 온도와 먹을 때의 온도는 다릅니다. 반드시 엄마가 먼저 맛보기 스푼으로 먹어본 후 아기에게 주세요.

8 이유식의 양과 진행 방식은 아기에 따라 개인차가 있습니다. 책의 내용을 참고하되 기준은 '우리 아기'임을 잊지 마세요. 아기의 발달 상황과 건강 상태에 맞추어 이유식을 진행하세요.

5 어느 정도 이유식이 진행되면 아기가 스스로 먹고 싶어 하지요. 소근육 발달에 도움이 되고 주도성을 키워나갈 수 있도록 아기에게 숟가락 주도권을 주세요. 청소에 대해서는 최대한 마음을 비우고 즐거운 식사 시간을 가지려고 노력하는 것이 좋아요. 아기도 엄마의 마음을 알고 있답니다.

간혹 아기가 스스로 먹으려 하면서 난장판을 만들어 곤란하다고 푸념하는 엄마들이 있습니다. 지금 어지르는 것이 싫어서 스스로 먹으려는 결정적 시기를 놓치면 5세, 6세가 되어도 계속 엄마가 먹여줘야 합니다. 이유식 하는 장소에는 돗자리나 비닐 장판 등을 깔아 청소에 대한 부담을 줄이면 좋을 것 같습니다.

참고로, 전 달력 뒷면이나 신문, 큰 쇼핑백을 잘라 깔아서 2~3일 정도 사용하고 버리는 걸로 청소 스트레스를 줄였습니다.

9 이유식의 목적은 다양한 재료의 여러 가지 맛과 질감을 체험하게 하는 것입니다. 먹는 양에 집착하지 말고 식사는 즐거운 것이라는 것을 아기가 인지하게 해주세요.

단맛과 짠맛은 선천적으로 선호하게 되는 맛이지만, 그 외의 맛은 이유식의 경험에 의해 선호도가 형성된다고 합니다. 다양한 채소의 여러 가지 질감을 느낄 수 있도록 이유식 시기에 맞는 재료를 준비하고, 재료들의 크기를 조절하는 것은 아주 중요합니다.

영어, 수학 조기교육보다 중요한 입맛 조기교육은 온전히 엄마의 몫입니다. '많이 먹이기'보다 '다양하게 먹이기'에 초점을 맞추고 이유식을 진행하세요.

언제든 손쉽게 만들 수 있는 재료 손질과 보관법

쇠고기

손질 : 덩어리로 사서 직접 다지는 것이 제일 안전하고 맛도 좋지만, 다진 고기를 사는 것도 나쁘지 않아요. 대신, 부위별로 고기를 다져놓은 것(이유식용)을 구입하세요.

보관 : 구입 직후 아이스 큐브에 나눠 넣어 얼린 후, 지퍼 백에 옮겨 담아 보관해요. 해동 시, 찬물에 담글 때는 철분이 빠지지 않도록 5~10분 정도만 담가요.

부위 : 기름기가 적은 안심이나, 가격을 고려하여 중기부터는 우둔살이나 설도 부위도 괜찮아요.

닭고기

손질 : 닭 냄새 제거를 위해 우유나 분유 물에 담가두었다가 사용하세요.

보관 : 다져두면 맛이 떨어지기도 하고, 익힌 후에 잘 다져지는 재료이므로, 조금씩 나누어 지퍼 백에 옮겨 냉동 보관하세요.

부위 : 안심이나 가슴살을 사용합니다. 소중한 아기가 먹을 고기이니 '무항생제' 인증을 반드시 확인하세요.

채소

손질 : 이유식에 쓰는 재료는 소량이므로 냉동실 사용을 권장합니다. 중기 이후부터 채소 다지기를 이용하여 아기의 발달 상황에 맞는 크기로 다진 후 아이스 큐브에 넣어 얼리세요. 얼린 채소는 지퍼 백 등으로 옮기고 일주일 이상 두지 않기 위해 반드시 포장 날짜를 기입합니다.

참고 : 완료기에는 자주 쓰이는 기본 재료들을 한꺼번에 보관하면 편리해요. '애호박+감자+당근+양파'를 다져 2스푼씩 지퍼 백에 담아두면 볶음밥 등에 다양하게 쓸 수 있답니다.

냉동실 200% 활용하기

아기는 적은 양의 이유식을 먹습니다. 소량의 이유식을 자주 만드는 것은 사실상 번거롭지요. 가장 큰 문제가 식재료 손질과 보관이더라고요. 그래서 저는 이리저리 궁리 끝에 재료를 미리 손질해서 냉동 보관하는 방법을 선택했습니다.

이유식 하는 동안의 냉동실 모습이에요. 한 칸에는 이유식 재료 손질한 것들, 다른 칸에는 반조리한 상태이거나 먹이기 직전의 이유식을 1회분씩 밀폐 용기에 담아 냉동해 두었답니다.

이유식용 냉동재료 보관 박스

냉동 보관과 해동 방법

이유식의 맛과 영양을 그대로 보존하면서도 엄마들의 일손과 스트레스를 줄여주는 최고의 방법은 냉동 보관이에요. 특히 중기·후기 이유식에서는 필수랍니다.

주의할 점 : 제조 날짜를 기입하여 반드시 일주일 이내로 먹이고, 해동한 후에는 다시 냉동하지 않도록 하세요. 뜨거운 이유식을 냉동고에 넣으면 냉동고에 있던 다른 재료가 녹으면서 세균 번식의 우려가 있으므로 꼭 식혀서 넣어두세요. 또, 재료는 한 번에 쓸 양만큼씩 나누어 얼리는 것이 사용할 때 편리합니다.

❶ 냉동 보관할 때 반조리 냉동식품을 이용하는 것도 한 방법이에요. 재료를 손질한 다음 양념이나 밑간을 하여 냉동한 뒤 요리할 때 해동시켜 물을 부어 끓이거나 간단한 조리 과정을 거치면 맛있는 아이 음식이 됩니다. 이렇게 만들어도 아기가 요리의 맛과 향을 즐길 수 있어요. 엄마가 편한 것은 물론이지요.

❷ 해동하는 방법 냉동식품을 해동할 때는 실온에 두어 해동하는 방법이 있어요. 그러나 여름에는 산패되기 쉽기 때문에 주의해야 해요. 좋은 방법은 요리하기 전날 냉장실로 옮겨놓는 거예요. 그러면 천천히 해동이 되어 요리하기 좋은 상태가 됩니다. 이때 해동되면서 물이 생기므로 쟁반에 받쳐주는 것 잊지 마시고요. 우리 이유식 책에서는 양이 적기 때문에 주로 흐르는 물에 담가두어 해동하는 방법을 많이 사용해요. 급히 해동이 필요할 때는 간단하게 전자레인지의 해동 코스를 이용하면 됩니다. 다만, 해동되는 상태를 보면서 주의를 기울이도록 하세요.

참고 : 아기의 입맛을 결정하는 완료기에는 요리를 그대로 얼렸다가 해동하면 본연의 맛이 떨어지므로 요리 중간 재료만 냉동하는 방법도 꽤 괜찮습니다(완료기 이유식 본문의 자세한 설명을 참고하세요).

 외출할 때 이유식 보관하는 방법

외출할 때는 미리 만들어둔 이유식을 휴대용 보온밥통이나 보온병에 담아 가면 온도가 유지되어 먹이기 좋아요. 또는 유리병에 담아가게 될 경우 보온이나 보냉 가방에 넣으면 좋은데요, 여의치 않을 경우에는 전자레인지 등에 데워 먹이면 됩니다.

이유식 잘 먹는 아기를 위해 기억할 것들

어떤 일을 계획할 때 원칙을 세우는 것은 중요합니다. 특히 아이를 키우면서는 더욱 중요하지요.
물론 예외적인 상황이 발생하면 융통성 있게 대처해야 하는 것이 옳긴 하나, 자신만의 원칙을 세워놓지 않는다면 우왕좌왕하면서
제대로 일을 해낼 수 없는 경우가 많지요. 우리 아이의 첫 밥인 이유식도 마찬가지입니다. 절대적인 자신만의 원칙을 세워주세요.
아래의 몇 가지 항목은 제가 이유식을 먹일 때 세웠고 지켰던 원칙들입니다. 아기가 아무리 안 먹고 투정 부리고 힘들게 하고
포기해버리고 싶게 해도 엄마표 이유식을 놓지 않을 수 있었던 것은 원칙을 세웠고 이것을 다 지키면 건강한 입맛을 만들어줄 수 있다는
기대 때문이었지요. 힘들 때는 엄마 스스로에게 "잘한다~ 잘하고 있다~" 하고 칭찬해주세요. 그러면 정말 잘될 겁니다. 힘내세요!

절대 거르지 않아요!
DON'T SKIP!

아무리 열심히 만들어도 아기가 잘 먹지 않는다거나 엄마가 몸이 힘들다거나 여러 이유로 이유식을 거르게 되면 아기는 점점 더 이유식에 대한 흥미를 잃어버리게 된답니다. 모든 것에는 때가 있는 법이므로 일정하게, 거르지 않고 잘 주는 것이 좋은 식사 습관을 기르는 지름길이에요.

음식의 간은 돌 이후에 하세요!
AFTER 1 YEAR!

아기는 장의 발육이 완전하지 않아요. 따라서 짠맛에 길들지 않고 재료 본연의 맛을 느낄 수 있도록 돌 이전에는 간을 하지 않는 것이 좋아요. 완료기부터는 아기용 천연조미료인 멸칫가루와 새우가루를 사용하게 됩니다. 돌 이후에도 재료의 맛을 살려 요리하며 아기 입맛이 많이 떨어진다 싶을 때, 어른 음식의 3분의 1 정도로 간을 약하게 하세요.

이유식에 풍미를 더하세요!

PLUS
STOCK!

고기를 우려낸 육수는 자칫 누린내가 날 수도 있고, 찜기를 이용해 이유식을 만들 수 있기 때문에 따로 만들지 않았어요. 다만, 완료기부터는 다시마 국물을 이용했답니다. 끓이고 우리고 하는 데 쓰이는 시간과 노력을 아끼기 위해서 커피포트에 끓인 물 1ℓ 정도를 유리병에 넣고 5×5cm 크기 다시마 3개 정도를 깨끗이 닦아 넣어두었다가 물 색깔이 변했다 싶으면 꺼냅니다. 다시마 물은 냉장고에 넣어두고 일주일 정도 사용할 수 있어요. 바쁜 엄마에게는 간편한 조미료라고 할 수 있지요. 풍미를 더한 이유식은 아기의 입도 더욱 크게 벌어지게 만들겠지요?

아무 재료나 섞지 않아요!

THE FINEST
INGREDIENTS!

채소류 몇 가지, 고기류 한 가지로 대충 맞춰 넣으면 되겠지 생각할 수 있지만, 아기는 음식을 대할 때 색깔이나 생김새도 보고 맛도 느낀답니다. 후기 이유식부터는 밍밍한 재료다 싶으면 식욕을 돋울 만한 재료를 함께 넣어 아기의 미각을 존중해주세요. 같은 채소라면 예쁜 색깔로 만들어 아기의 주의를 끄는 것도 좋고요. 우리 아기는 소중하니까요.

고기에는 양파를 같이 넣으세요!

ONION,
PLEASE~

아기는 생각보다 미각에 예민해서 고기 누린내를 잘 알아챈답니다. 고기 이유식에 양파를 조금이라도 같이 넣으면 고기 냄새에 고개를 홱 돌리는 참사를 막을 수 있어요.

완료기부터는 천연 맛가루를 쓰세요!

NATURAL
SPICE!

음식 맛을 슬슬 알아가는 완료기 아기에게 간을 최소로 하면서도 입을 쩌~억 벌리게 만들 수 있는 것이 바로 '완소' 맛가루들입니다. 멸칫가루, 밥새우가루, 김가루 세 가지는 냉장고에 떨어지지 않게 만들어두는 것이 좋아요. 급할 때 밥에 비벼 먹이기도 하고, 이유식에 간장이나 소금 대신 넣기도 한답니다(만드는 방법은 완료기 이유식편을 참고하세요).

빠른 이유식을 돕는 조리 도구

설레는 마음으로 아기의 음식을 시작하기 위해 이것저것 도구를 검색하고 계신가요?
이유식 도구를 구입할 때는, 깨끗하고 활용도 높은 조리 도구를 새로 장만한다고 생각하시면 좋을 것 같습니다.
이유식이 끝나고 나서도 계속해서 쓸 수 있는 종류를 구입하는 방향으로요. 작은 밀폐 용기는 양념장 통이나 간식 통으로,
거름망은 된장 풀 때 또는 국물 낸 멸치나 새우 건질 때, 채소 다지기는 볶음밥 용도로, 미니 믹서는 셰이크나 양념장 만들 때,
이유식에 가장 큰 효자 노릇을 했던 찜기는 더운 여름에 요리할 때, 아주 요긴하게 쓰고 있거든요.
그리고 개인적으로 '이유식 조리 도구 세트'는 구매하지 않는 편이 좋다고 생각합니다. 이유식을 하는 이 몇 개월이 지나면
더 이상 필요가 없어지기 때문인데요. 전 선물 받은 것이 있어서 감사히 쓰긴 했는데 지금은 아기 소꿉장난감으로 전락해버렸거든요.

전기 찜기

한 번에 여러 종류의 이유식을 만들 때 없으면 안 될 효자 도구입니다. 타이머가 가능해야 하고, 2단 이상이 되어야 해요. 아기가 먹을 음식을 만드는 주 도구이므로 세척이 간편한지도 확인하세요.

전기 압력밥솥

전기 찜기를 마련하는 게 망설여진다면 차선책으로 사용할 수 있는 도구예요. 찜 기능이나 죽 기능을 이용합니다.

미니 믹서

미니 믹서 중에서도 칼날이 2~3개 있는 것으로 구입하면 좋습니다. 초기 이유식은 대부분 건더기가 없어야 하므로 믹서를 많이 이용하게 되니 세척이 간편한 것으로 구입하세요. 칼날이 여러 개(분쇄기 용도)인 것은 완료기에 맛가루를 낼 때나 빵가루를 만들 때, 또 과일 주스나 셰이크를 만드는 데도 아주 유용하게 사용된답니다.

스테인리스냄비

스테인리스 재질의 냄비가 영양소 파괴도 적고 안전해서 좋아요. 코팅이 된 냄비는 눌어붙지는 않지만 조리하면서 코팅이 벗겨져 아기 음식에 들어갈 수도 있으니 가급적 사용하지 않는 편이 좋답니다.

이유식 전용 유리 밀폐 용기 + 아이스 큐브

중기 이유식부터는 이유식의 냉동 보관이 필수예요. 이때 안전한 유리 밀폐 용기가 필요한데 초기에는 재료 보관 등에 쓸 수 있도록 5개 정도만 구입하면 충분해요. 중기부터는 한 번에 며칠분씩 만들지 본인의 계획에 따라 필요한 만큼 더 구입하세요. 유리 밀폐 용기는 완료기뿐 아니라 유아식을 만들 때도 재료 보관에 용이하니 아깝다 생각 말고 넉넉하게 준비하는 것이 좋아요.
또, 음식 재료 구입 후에는 바로 다져 아이스 큐브에 담아서 얼린 후 지퍼 백이나 남은 모유 보관 팩에 담아 보관하면 이유식 만들 때 걸리는 시간을 최소화할 수 있답니다.

채소 다지기

이유식을 만드는 일의 70%는 아기가 먹을 수 있는 크기로 채소를 다지는 일이에요. 몸이 정상적으로 회복되지 않은 엄마들에게는 부담스러운 일이 될 수도 있지요. 이 수고를 덜어주는 아주 고마운 도구입니다. 시중에 나와 있는 제품들을 잘 살펴보시고 적은 양도 잘 다질 수 있는 제품으로 구입하는 것이 좋아요. '소량의 채소 다지기'에 버거운 제품이 생각보다 많으니 유의하세요.

체(거름망)

초기 이유식뿐만 아니라 완료기까지 아주 유용하게 사용됩니다. 이유식 조리기 세트를 한꺼번에 구입하는 것도 좋지만 제 경험상으로는 손잡이가 있는 체를 아기용으로 따로 구입해서 사용하는 것이 좋더군요. 초기에는 미음을 거를 때, 중기부터는 다진 채소나 고기를 데칠 때, 냉동 상태의 채소를 녹일 때 쓰고 이유식이 끝나면 국 끓일 때, 된장 풀 때도 유용하게 쓸 수 있답니다.

기타 도구

이유식용 조리 도구는 따로 구입하는 것이 좋아요. 스테인리스 도구가 좋고요. 나무 재질은 끝 부분이 닳는 경우가 많으니 자제해주세요. 가장 권하고 싶은 도구는 실리콘 재질이에요. 재질을 선택했다면 뒤집개, 볶음 스푼, 도마 등을 준비하세요. 도마는 채소용, 고기용 따로 두고 사용하는 것이 좋지만 여의치 않다면 양면 사용 가능한 실리콘 도마를 구입해 표시해두고 사용하면 된답니다.

이유식 시기별 재료의 크기와 농도

	←— 초기 —→	←— 중기 —→	←— 후기 —→	←— 완료기 —→
쌀	숭늉 물과 비슷한 형태. 주르륵 흘러내리는 정도(미음)	죽 정도	진밥 정도	약간 무른 밥 정도
고기	절구에 찧어 미음에 넣은 후 건더기가 없도록 체에 거른다.	절구에 아주 잘게 찧는다.	사방 0.5cm 크기로 다진다.	사방 0.7~1cm 크기로 다진다.
생선	안 먹여요	살만 발라 사방 0.3cm 크기로 다진다.	살만 발라 사방 0.5cm 크기로 다진다.	살만 발라 한 입에 먹기 좋은 상태로 다진다.
당근	안 먹여요	사방 0.3cm 크기로 다진다.	사방 0.5cm 크기로 다진다.	사방 0.7~1cm 크기로 다진다.

시기별 이유식 재료의 크기와 농도 살펴보기 : 시기별로 준비하는 이유식 재료의 크기입니다. 초기에는 숭늉 물과 같은 쌀미음부터 시작해서 아이의 단계별 발달에 따라 재료의 크기를 달리하여 이유식을 만듭니다. 표준 아기 발달표가 있으나, 언제나 내 아이의 시간표는 따로 있다는 것을 명심하고 내 아이의 상황에 따라서 조절하면 됩니다. 언제나 답은 내 아이 기준입니다.

	초기	중기	후기	완료기
애호박	형태가 없을 정도로 믹서에 간다.	사방 0.3cm 크기로 다진다.	사방 0.5cm 크기로 다진다.	사방 0.7~1cm 크기로 다진다.
시금치	잎 부분만 형태가 없을 정도로 믹서에 간다.	잎 부분만 사방 0.3cm로 다진다.	잎 부분만 사방 0.5cm로 다진다.	잎 부분만 사방 0.7~1cm로 다진다.
감자	형태가 없을 정도로 으깬다.	사방 0.3cm로 다진다.	사방 0.5cm로 다진다.	사방 0.7~1cm로 다진다.
달걀	안 먹여요	노른자만 형태 없이 으깬다.	노른자만 사방 0.5cm로 다진다.	노른자, 흰자 완숙으로 먹인다.

mom's letter one

바쁜 엄마를 위한
가장 현실적인 이유식 책

첫째 아기의 이유식이 무사히 끝났고 저는 지금은 둘째 아기의 이유식을 만들고 있습니다. 첫째 아기 때 이유식 만드는 법을 체계적으로 정리해둔 덕분에 지금은 정말 몸과 마음이 편하게 이유식을 만들고 있는데요. 물론 세상에는 다양한 종류의 이유식이 있겠지만 경험과 시행착오 끝에 완성된 이유식 공식만큼 편한 건 없는 것 같습니다.

제가 첫째 아기 이유식을 만들 때였습니다. 초기 이유식까지는 어찌어찌 넘겼지만 중기 이유식을 시작하려니 엄두가 나질 않았습니다. 하루에 두 끼를 먹여야 하는데 뜨거운 불 앞에서 두 종류를 매일 만들 자신이 없었거든요. 시중에 나와 있는 이유식에 관련된 다양한 책들을 찾아 헤맸지만 현실적인 책이 없었습니다. 맛있어 보이긴 했지만 복잡했고, 계량컵, 저울을 포함해 과학 실험을 방불케 하는 철저함을 요구했더랬죠. 제가 동동거리고 있는 것을 보신 어른들께서는 "너희 땐 그렇게 힘들게 안 했는데"라며 갸우뚱하시곤 했습니다.

책에 있는 대로 그렇게까지는 할 필요는 없는 것 같은데, 안 하자니 찜찜하고 하자니 너무 복잡하고, 복잡한 걸 참고 그대로 만들자니 체력이 안 받쳐주고…. 참 답답했습니다. 그렇다고 시판 이유식을 먹이자니 과연 만드는 사람의 양심을 믿고 내 아기의 첫 밥을 사 먹일 수 있을까 하는 생각도 들었고요. 그리고 엄마 뱃속이나 이유기 때 먹어본 음식으로 평생 입맛이 좌우된다고 하는데, 시판 이유식은 아기들이 잘 먹는 종류만 한정하여 메뉴를 정하지 않을까 하는 생각에 만들어 먹이겠다고 스스로 다짐을 했지요. 이런 이유로 처음부터 시판 이유식은 아예 먹이지 않으려고 마음을 먹었기 때문에 더욱 기를 쓰고 이유식을 편하게 만들 방법을 찾으려고 애를 썼던 것 같습니다.

그러던 중. 더 이상은 방법이 없는 건가 하면서 마지막 선택으로 이유식 마스터를 사야겠다고 생각하며 후기와 사용 방법을 검색했습니다. 갸웃갸웃하던 중에 그 원리를 이용해서 찜기로 이유식을 만들면 좀 더 편해지지 않을까 하는 생각을 하게 되었지요. 물론 처음에는 쉽지 않았지만 여러 번의 시행착오를 거쳐 제 스타일에 딱 맞는. 정말 편하게 만드는 방법을 찾았습니다.

물론 만드는 방법이 비슷한 후기까지도 찜기의 도움으로 아주 편하게 지낼 수 있었지요. 그런데 문제는 완료기였습니다. 어른들과 같은 밥을 먹일 수 있어서 정말 편할 것이라는 기대와는 달리 완료기는 이전 단계

보다 더욱 힘겨웠습니다. 일단 어른들과 같은 음식을 먹이지 못합니다. 아주 약하게 간을 해야 하고 치아가 다 나지 않은 상태이기 때문에 어른 음식을 줄 수가 없습니다. 또 분유나 모유에 영양을 기댈 수 없기 때문에 이유식으로만 영양을 섭취해야 하는 아기가 이유식을 거부하기라도 할 때면 정말 속이 타들어가는 것 같습니다. 게다가 돌이 지나 다른 것에 흥미가 많아지면서 갈수록 밥에 관심이 없어지고, 이유식을 거부하는 상황이 더 자주 생기지요. 제 머릿속엔 아침에 눈 떠서부터 저녁에 눈 감을 때까지 항상 이유식 만들어 먹일 고민으로 가득했습니다. 아기가 정말 예쁜 짓도 많이 하고 사랑스러웠지만, 이유식을 안 먹으면 그런 마음까지 싹 사라져버리더라니까요.

저도 이런 제 자신이 싫었고, 정말 이렇게까지는 곤란하다 싶었지요. 마음을 가다듬기 위해 이유식을 처음 만들기 시작할 때의 설렘을 다시 생각해보려고 했습니다. 그리고 아기를 관찰하기 시작했죠. 관찰하고, 분석하고, 실험했습니다. 곤란한 상황이 닥칠 때마다 나름의 패턴을 발견했고, 그에 대한 대처 방법도 생기기 시작했습니다. 결과적으로, 시간이 갈수록 확실히 많이 좋아진 것 같습니다. 적응을 한 것인지 고쳐진 것인지는 모르겠지만 하여튼 제 방법이 꽤 괜찮았구나 하는 생각을 했지요.

우리 아기가 너무 입이 짧아서 나만 힘들었나 생각했는데, 알고 보니 주위에 정말 많은 엄마들이 아기가 안 먹어서 스트레스를 받고 있더라고요. 하루에 이유식을 준비하는 시간부터 먹이는 시간까지 모두 따져보면 5시간은 족히 넘는 것 같습니다. 깨어 있는 시간의 3분의 1에 달하는 어마어마한 시간이지요.

평생 할 효도를 다 한다는 지금의 시기에, 이유식 때문에 아기와 신경전을 벌이고 스트레스를 받아 이 시기의 행복을 느끼지 못한다는 것은 정말 슬픈 일입니다. '내 아기에게 이유식을 먹이는 것'은 스트레스가 아니라 즐거움을 느끼는 일이 되어야 합니다.

제게 첫째 아기의 이유기는 참으로 힘겨웠습니다. 이제 이유식을 시작하는 둘째 아기의 성향이 어떤지는 모르겠지만, 분명 그 자신만의 특징이 있겠지요. 선호하는 음식이 있고 싫어하는 음식이 있을 것입니다. 하지만 '까다롭기로 유명한 형도 해 먹였는데 까짓것 한 번 더 해보지 뭐' 하면서 같은 방법으로 마음 편하게 이겨나가려고 합니다.

엄마표 이유식을 만드는 엄마들. 다 같이 편하게 파이팅합시다!

mom's letter two

나의
육아 개똥 철학

제1조. 편하게 살자 학교 다닐 때 저희 역사 선생님께서 하셨던 말씀이 기억이 나네요. "너희는 지금 조선시대 임금님보다 더 편하게 살고 있는 거다." 그것도 그런 것이, 조선시대에 수세식 변기가 있었을까요, 전화가 있었을까요, 하다못해 볼펜도 없었을 테지요. 이렇게 세상이 진화할 수 있었던 원동력은 모르긴 몰라도 '편함에 대한 인간의 갈망'이 가장 큰 것이 아닐까 싶습니다. 말이 좀 거창했는데, 어쨌든 그런 이유로 육아용품도 엄청나게 진화를 하고 있는 것이 아닐까 합니다. 일회용 기저귀, 일회용 물티슈는 기본이고, 힙 시트, 아기 세탁기…. 제가 첫째 출산할 때만 해도 없었던 '기적의 속싸개'도 놀랄 만한 것이었지만, 최근에는 모유를 데우는 '보틀 워머'나 분유 온도에 맞을 정도만 물을 끓인다는 '분유 포트'도 나오는 것을 보니 정말 대단하다는 생각이 듭니다.

그 모든 걸 다 살 수 있다면 생각보다 육아는 정말 편해지겠지만 그럴 수는 없으니까 어떻게든 그 아이디어들을 조금이라도 활용해보려고 했습니다. 예를 들자면, '뒤집기 방지 쿠션' 아이디어를 이용하여 이불을 돌돌 말아 아기 양쪽을 고정해 뒤집기 시즌 밤잠을 고수했고, 손을 자꾸 휘저어서 잠을 깰 때에 '기적의 속싸개'의 아이디어를 이용하여 손을 바지에 집어넣어 재웠습니다. 또 '이유식 마스터'의 원리를 이용하여 불 앞에서 휘젓지 않아도 되는 전기 찜기를 이용하여 정말 편하게 이유식을 만들었지요. 이유식 메뉴도 이 생각의 연장 선상에 있었습니다. 편하게 만드는 레시피를 지향하다 보니 시간도 절약하고 몸도 편한 저장 이유식을 응용하게 되었고, 저장 이유식을 만들어둔 후에는 또 다른 이유식으로 변신시키는 등의 방법을 생각해내게 된 것이지요.

제2조. 편하게 생각하자 프랑스의 철학자 알랭이라는 사람이 걱정에 대해 한 명언이 있습니다.
"걱정 없는 인생을 바라지 말고, 걱정에 물들지 않는 연습을 하라."
육아를 하면서 특히 늘어나는 것은 걱정입니다. 왜 우리 아기는 뒤집기가 늦는 거지? 옆집 아기는 벌써 이가 세 개나 났던데, 우리 애는 왜 안 나는 거지? 저렇게 아무거나 입에 가져가는데 나쁜 게 들어가면 어떡하나? 내가 없는 동안 엄마가 버리고 갔다고 생각하지는 않을까? 아기가 잠을 너무 안 자는데 키가 덜 크면 어떡하나? 심지어 우리 아기 너무 예쁜데 내가 자는 사이에 누가 와서 데리고 가면 어떡하나? 이런 걱정에 산후조리원에서 잠을 못 자는 엄마도 있다고 합니다. 안 그래도 피곤한 육아인데, 엄마 얼굴은 걱정에 물들어 점점 회색빛이 되어갑니다. 걱정한다고 아기의 아토피가 없어지는 것도 아니고, 걱정한다고 아기가

갑자기 잘 먹는 것도 아닙니다. 걱정한다고 좋아질 일은 단 한 가지도 없는 것이지요. 게다가 만약 지금 걱정되는 것이 아기가 왜 안 뒤집느냐 하는 것이라면, 장담컨대 일기를 적지 않는 이상 3년만 지나면 언제 뒤집었는지 기억도 잘 나지 않을 겁니다. 아이의 안전에 대한 일이 아니라면 굳이 그렇게 일부러 힘들게 살 필요는 없다는 것이 제 개똥 철학입니다. 엄마는 할 만큼만 하면 됩니다. 침대나 높은 소파에 아기를 누이지 않고, 카시트나 유모차의 안전벨트를 반드시 사용하며, 몸에 좋은 재료로 다양하게 이유식만 만들어주면 되는 겁니다. 내가 통제할 수 없는 부분, 즉 먹고 소화시키고 배설하는 것은 아기 스스로에게, 그리고 신에게 맡겨두는 거지요. 걱정의 96%는 절대 일어나지 않는 일이라고 합니다. 진짜 걱정해야 할 4%만 생각하기에도 힘든 육아, 완벽한 엄마가 되려고 노력하기보다는 행복한 엄마가 되는 것이 우선입니다.

제3조. 편해지려고 노력하자 자본주의 사회인 우리나라에서는 돈이 명예를 만들고 권력을 만들기도 하지요. 그래서 다들 '돈 돈' 하지 않나 싶기도 한데요. 저는 이렇게 생각합니다. 돈이 많으면 행복한 것이 아니라 편해지는 것이라고요. 돈 많은 사람들도 자세히 들여다보면 돈 없는 사람에 비해 행복한 게 아니더군요. 그저 돈이 많아서 덜 불편하게 사는 것뿐이지요. 그래서 돈을 많이 벌 생각을 하기보다는 지금 상황에서 편해지려고 노력하는 것이 더 낫지 않나 하는 생각을 해봅니다. 물론 돈이 많으면 노력을 하지 않아도 더 빠르게 편해지겠지만, 일단은 돈이 없으니까….

어쨌든 그래서 전 이유식 하나도 어떻게 하면 좀 더 편하게 할 수 있을까에 초점을 두며 만들었습니다. 인터넷을 뒤지고 지인들에게 수소문하고…. 노력하는 만큼 조금씩 나아졌기에 이런 과정을 여러 사람과 공유하고 싶었습니다.

편하다는 게 게으른 것을 말하는 것은 아닙니다. '선택과 집중'이라는 말이 있듯이 반드시 해야 하지만 덜 중요한 일에 나름의 방법과 순서를 만들어서 시간과 노력을 줄임으로써 더 중요한 일에 집중할 수 있는 것이지요. 저 같은 경우는 이유식을 연구하며 제 나름대로의 알고리즘(공식)을 만들어놓았기 때문에 이유식에 할애해야 할 시간을 줄일 수 있었고, 아기와 좀 더 많은 시간을 보내는 데 중점을 둘 수 있었습니다.

육아는 정말 긴 마라톤입니다. 똥 기저귀를 가는 한 가지 일이라도 나름의 편한 방법을 만들려고 처음부터 신경 써서 노력한다면, 쉽게 적응하여 육아를 진정 즐기면서 할 수 있지 않을까 감히 생각해봅니다.

mom's letter three

아들 둘 엄마의
육아 꼼수

연년생 아들 둘을 키우다 보니 나름 꼼수가 생기더군요. 인터넷에 떠도는 정보나 병원 전문의 선생님들이 말씀하시는 것 외에 아기를 직접 키워봐야 알 수 있는 고민들과 제가 터득한 꼼수를 몇 가지 정리해보았습니다.

옷에 묻은 과일 얼룩 지우기 아기가 처음 먹을 수 있는 과일에 사과와 배가 있지요. 맛있게 먹는 모습이 예뻐서 아무 생각 없이 막 줬다가는 낭패를 볼 수 있습니다. 저 같은 경우는 제자들이 코 묻은 돈 모아 사준 아끼는 예쁜 우주복이 있었는데, 그걸 입힌 채로 사과를 먹였다가 집 밖에서는 입히지 못하게 된 가슴 아픈 경험이 있거든요. 세제나 베이킹 소다도 잘 듣지 않더라고요. 특히 사과나 딸기 그리고 수박 얼룩은 지워지지 않기로 유명한데요. 아는 언니가 알려준 기적적인 방법을 소개할까 합니다. 과즙이 묻은 부분에 식초를 뿌리는 것으로 시작합니다. 오염된 부분이 보라색으로 변하는 걸 보게 될 거예요. 그 후, 식초를 2~3방울 섞은 물에 5~6시간 담갔다가 세탁기에 넣으세요. 한 번 해보면 빙그레 웃게 될 겁니다(단, 주의할 사항은, 과즙을 묻힌 채로 5시간이 지나서는 안 된다는 겁니다. 5시간 이상이 지나면 회생이 불가능해지거든요.).

분유 먹고 토하는 아기 제 둘째 아기는 신생아 때부터 분유를 토하기로 유명했습니다. 병원도 몇 군데나 다녀보았고, 육아 선배들에게 징징거려도 봤지만 시간이 지나면 괜찮아진다는 틀에 박힌 대답뿐 이렇다 할 정보를 얻지 못했지요.
이것저것 시도해봤는데 일단 괜찮았던 정보는 분유를 바꾸는 겁니다. 시중에 토하는 아기 전용 분유가 있더군요. 이 분유를 먹고 나서는 토하는 횟수가 현저히 줄긴 했습니다. 하지만 문제는 사악한 가격입니다. 보통 분유의 두 배에 달하는 가격이라 계속 먹이기에는 한계가 있더라고요. 이렇게 저렇게 할머니와 함께 고민하며 찾은 몇 가지 방법을 소개할까 합니다.
첫째, 분유를 걸쭉하게 타줍니다. 토하는 아기 전용 분유의 특징은 끈적하다는 겁니다. 그 특징을 이용해 일반 분유에 정해진 양보다 물을 20㎖ 정도 적게 타서 먹여보면 이전보다 훨씬 괜찮아진 것을 알 수 있습니다.
둘째, 먹일 때 일정한 각도로 줍니다. 저 같은 경우는 아기 전용 바운서에 앉혀서 먹이니까 훨씬 낫더라고요. 몇 번 그렇게 먹이다가 이제 괜찮나 싶어서 안고 먹였더니 바로 콸콸콸~ 하는 바람에 엄마 냄새를 느끼게 해주는 욕심은 버리기로 했습니다.

<u>셋째, 끊어서 먹입니다.</u> 60㎖를 먹인다고 할 때, 먼저 20㎖를 먹인 후에 5분 정도 비스듬히 앉혀놓았다가 다시 20㎖, 또 쉬다가 20㎖ 이런 식으로 끊어 먹이세요. 적응이 됐다 싶으면 한 번에 먹는 양을 조금씩 늘리면 됩니다.

<u>넷째, 먹인 후에 바로 트림 시키지 마세요.</u> 먹인 각도 그대로 약간 세워서 앉혀놓았다가 10분 정도 지난 후에 살살 아래에서 위쪽 방향으로 등을 쓸어주면 됩니다.

아기가 순하다고 마냥 모든 게 편한 것만은 아니더라고요. 둘째 아기는 성향이 순한 반면 첫째에게는 없던 이런 일들도 있었으니까요.

바이러스 없는 빨래 건조 둘째가 태어나기 전에 마음의 준비를 많이 했습니다. 많은 상황을 미리 상상해보았고 그에 대비하기 위해 육아용품을 준비하거나 미리 주위 분들에게 조언을 구해두기도 했지요. 하지만 전~혀 상상하지 못한 부분이 있었으니 그것이 바로 빨래입니다. 둘째가 워낙 많이 토하는 탓도 있지만 아기 한 명이 더 생기고 나니 정말 상상을 초월할 정도로 빨래가 늘어나더군요. 첫째는 한창 뛰어놀 때가 되니 하루에도 몇 번씩 땀으로 젖어 서너 번 옷을 갈아입고, 둘째는 기본 서너 번 토하니 또 그때마다 옷을 갈아입고, 덩달아 수유하는 저도 옷을 몇 번씩 갈아입고…. 차라리 출근하는 아기 아빠의 빨래가 제일 적었으니 말 다했지요. 빨래가 너무 많아져서 6단 빨래 건조대를 하나 더 샀습니다. 총 4개의 건조대에 매일 빨래가 널려 있었고 그것도 모자라 첫째의 장난감 위에도 눈치를 보며 슬금슬금 빨래를 널기도 했지요. 너무 많다 보니 마르지가 않아서 다음 빨래를 널기 위해 억지로 개어서 넣으니 분명 세탁한 옷인데 옷에서 걸레 냄새가 나는 속상한 상황이 많이 발생했습니다. 더 심각한 일은, 빨래를 그만큼 널다 보니 공기청정기에 빨간불이 계속 들어오는 겁니다. 빨래를 실내에 널면 바이러스가 떠돈다고 하더라고요. 호흡기가 약한 아기들에게 치명적일 수도 있다고 하고요.

대책을 찾다가 발견한 것이 바로 '빨래 건조기'입니다. 주위에 쓰시는 분들도 많고 외국에서는 필수 가전이라고 하더군요. 바로 지를까 하다가 집에 덩치 큰 기계를 새로 들여놓기도 그렇고 가격도 부담스러워서 일단은 기존 드럼 세탁기의 건조 기능을 이용해보았습니다. 2시간 정도의 건조 시간은 며칠을 넣어놓고 걷고 하는 수고에 비하면 아무것도 아니라는 생각이 들 정도였고, 게다가 걸레 냄새 나는 옷과 공기청정기의 빨간불을 생각해보면 그 정도는 감사해야 할 일이었지요. 뽀송뽀송한 호텔 수건 같은 빨래를 갤 때면 '진작에 쓸 걸' 하면서 후회하기까지 했었답니다. 물론 전기 누진세가 걱정되어서 베란다에 빨래를 널지 못할 때나 비올 때, 빨래가 겹치는 횟수가 늘어날 때만 쓰고 있습니다만 경험상 한 달에 15회 정도의 사용은 전기료에 큰 영향을 미치지 않는 것 같습니다. 혹시 저와 같은 고민으로 힘든 분들은 드럼 세탁기가 있을 경우 건조 기능을 활용하고, 통돌이 세탁기를 사용한다면 빨래 건조기를 쓸 것을 강력 추천하고 싶네요.

엄마는 아기 이발사 백일쯤 되면 아기와 엄마는 함께 털갈이(?)를 시작하게 되지요. 첫째 때는 멋모르고 이 때 삭발하는 거라면서 머리를 밀어주었다가 사진 찍을 때마다 후회하곤 했었습니다. 둘째 때는 절대 밀지 말라는 어른들의 말씀에 참긴 했는데, 문제는 너무 지저분해진다는 거였죠. 그 조그만 아기를 약간 삐져나온 머리 손질하기 위해 미용실에 데리고 가는 것도 좀 아닌 것 같고 그냥 놔두자니 백일 사진이 이상하게 나올 것 같고 해서 용기를 내어 셀프 미용에 들어갔습니다.
그때 상황을 생각하며 설명을 해보자면⋯. 우선 아기 머리 밑에 큰 수건을 한 장 깔고요, 미용실에서 많이 본 것처럼 아기의 머리카락을 들고 엄마의 둘째, 셋째 손가락 사이에 끼운 다음 일정하게 길이를 맞추어 가위로 잘라주는 겁니다. 아기 체육관을 주거나 모빌을 보여주면서 시선을 다른 쪽으로 돌린 후에 반대쪽 머리카락을 속삭속삭 자르면 되는데요, 하다 보면 요령이 생기니까 겁먹을 필요가 없습니다. 잘못 잘라도 머리카락은 금방 자라니까요. 이럴 때 아니면 언제 아들 머리카락 한번 잘라보겠습니까.

감기 걱정 없이 목욕시키기 아기는 목욕시킨 직후에 가장 감기가 잘 든다고 합니다. 그래서 목욕시킬 때 걱정을 많이 하게 되는데요, 아파트가 아닌 집이라면 화장실도 썰렁한 경우가 많지요. 그래서 추천하는 것이 바로 미니 히터입니다. 화장실은 공간이 넓지 않기 때문에 미니 히터를 1분만 돌려도 금방 따뜻해집니다. 간편한 미니 히터 하나로 감기 걱정 없이 편하게 목욕시키세요.

내 사랑 공갈젖꼭지 연년생 아들 둘을 키울 수 있었던 것은 8할이 주위 어른들의 도움 덕분이고, 나머지 2할은 바로 이 공갈젖꼭지 덕분이었습니다. 흐흐흐. 일단 한 번 써보면 신세계를 만나게 될 거예요. 잠투정할 때 쏙~. 잠든 아기를 아기 띠에서 내려놓을 때 깨는 아기 입에 쏙~, 자다 깨서 우는 아기 입에 쏙~, 먹는 시간 안 됐는데 달라고 우는 아기 입에 쏙~, 안아달라고 징징대는 아기 입에 쏙~, 까까 내놓으라고 소리 지르는 아기 입에 쏙~(물론, 배고플 때는 절대 쓰면 안 되고요). '그냥 안아주고 달래주지 뭐 그런 걸 쓰나'라며 비난하는 분은⋯. 아기 안 키워보신 분이겠지요? 참고로 미국에서는 영아 돌연사 방지를 위해 공갈젖꼭지를 적극 권장하고 있다고 합니다. 아기들의 빨기 욕구가 강한 시기에 심리적으로 안정을 줄 수 있고, 빠는 욕구도 충족해줄 수 있기 때문이지요. 치아 모양이 이상해질 수 있다는 말도 있지만 전문가들의 소견에 따르면 치아 모양 변형은 근거 없는 이야기라고 합니다. 다만 공갈젖꼭지를 뗄 때 힘들 수도 있다는 우려가 있긴 하지만 모유 떼는 것과 젖병 떼는 것보다 훨씬 수월하며, 빠는 욕구가 사라지는 시기가 되면 자연스레 젖꼭지에 대한 집착이 줄어드니 너무 걱정하지 마시고 먼저 아이의 욕구부터 채워주세요.

공갈젖꼭지는
아기들의 빨기 욕구가
강한 시기에 심리적으로
안정을 줄 수 있고 모유 수유를
충분히 하지 못한 아기의 경우
빠는 욕구도 충족
시켜줄 수 있어요

손 안 대고 젖병 세척하기 전 집안일 중 가장 하기 싫은 일을 꼽으라면, 화장실 청소도 아니고, 분리 수거도 아니고 바로 설거지를 말합니다. 청소는 하고 나면 깨끗해져서 기분이 좋기라도 한데, 왠지 설거지는 제게 너무 부담스러워 신혼 초부터 아예 식기세척기를 샀는데요, 아기가 있고 보니 이만한 효자 도구가 없더라고요.

출산 후에 약을 먹느라 모유를 일찍 끊었습니다. 그래서 우리 아기는 둘 다 일찌감치 분유를 먹였는데요, 분유병 씻고 소독하는 것도 보통 일이 아니더라고요. 팔목도 아픈데 씻고 돌리고 끓이고 하는 게 너무 힘들었습니다. 혹시나 하는 마음에 식기세척기에 돌려봤더니 손으로 씻는 것보다 더 깨끗하게 세척이 되는 겁니다! 게다가 스팀 소독도 되기 때문에 따로 열탕 소독을 할 필요도 없고요. 열풍으로 건조가 되니 아주 청결하게 관리할 수 있습니다. 단, 세척기를 이용할 때는 사용법을 제대로 숙지해야 합니다. 제가 사용하는 세척기는 6인용인데 2단으로 되어 있습니다. 각 가정의 세척기 크기에 따라 다르겠지만 긴 젖병과 이유식 그릇 등은 1단에 두고 2단에는 짧은 젖병과 젖꼭지 그리고 공갈젖꼭지를 두면 좋습니다. 2단에 닿는 물살이 더 세기 때문에 젖꼭지 등은 위쪽에 두는 것이 맞고요. 되도록이면 물살이 더 잘 닿도록, 2단에 그릇이 있는 쪽의 1단은 비워두고 세척하면 깨끗하게 젖병을 관리할 수 있습니다.

얼굴 할퀴는 아기 아기들은 대근육 발달이 이루어지기 전에는 자신의 팔을 잘 통제하지 못합니다. 그래서 자다가 팔을 휘저으며 깨기도 하고, 자기 얼굴을 할퀴기도 해서 속싸개와 손싸개를 하는데요. 6개월 정도 되면 어느 정도 팔 휘젓는 빈도는 줄어든다 싶지만, 자기 얼굴을 할퀴는 것은 여전합니다. 심한 아기는 10개월까지 그러기도 하고 돌이 지나면 의도적으로 엄마의 얼굴을 할퀴는 경우도 있습니다. 게다가 손톱을 막 깎고 나면 손톱이 날카로워서 피가 나는 경우도 있는데요. 이럴 때, 아기 손톱을 어른처럼 손질할 수도 없고 난감합니다. 그래서 우리 아기 주치의 선생님께 배운 방법을 알려드리려고 합니다. 아기 손톱을 깎은 직후에, 손을 한번 씻기세요. 그러고 나서 아기 로션을 묻혀 손톱 깎은 부분을 문질 문질 해주세요. 엄마의 손가락으로 아기의 손톱을 갈아준다는 느낌으로요. 상당히 효과가 좋은 방법입니다. 역시 의사 선생님의 경륜은 무시할 수가 없더군요.

코 막혀서 잠 못 자는 아기 저희 둘째 순둥이는 신생아 때를 제외하고는 10시간 이상의 기록을 세우며 잠을 자서 엄마를 행복하게 해주었습니다. 그런데 어느 날인가부터 30분 간격으로 깨며 울기를 시작하는 겁니다. 처음 며칠은 그러려니 하다가 나중에는 어디가 아픈가 싶어서 같이 꼴딱 날을 새우기가 일쑤였습니다. 도저히 안 되겠다 싶어서 병원에 갔는데 코가 막혀서 그런 거라고 코 뚫는 아기용 식염수를 처방해주시더군요. 사용해봤는데 일시적으로 코가 뚫리긴 하지만 몇 시간이 지나고 나면 무용지물이 되어버리더라고요. 그리고 사용할 때 아기가 너무 괴로워해서 더 주저하게 됐고요.

남편에게 고민을 털어놓자, 비염이 있는 남편이 뭘 고민하느냐며 병원 침대처럼 등 부분을 약간 높여주라 얘기합니다. 긴가민가하면서 한 번 해봤는데, 정말 신기하게도 한 번도 안 깨고 쌕쌕 잘 자는 모습을 보면서 진작 말해주지 않은 남편을 살짝 원망하기도 했었다지요.

너무 자주 먹으려는 아기, 따뜻한 보리차 금방 만들어주기 첫째와는 너무 다른 우리 막둥이. 정말 잘 먹습니다. 시간이 되기도 전에 달라고 울고 불고, 우유병 물려주면 허겁지겁 먹고, 그리고 콸콸콸 토해버리고…. 첫째와 성향이 너무 다르다 보니 첫째 키운 경험은 별로 도움이 안 되더라고요. 왜 이렇게 자주 먹으려고 하나 싶어서 할머니께 도움을 요청했습니다. 먹는 걸 좋아해서 시간이 안 됐는데도 자꾸 먹으려고 한다고 했더니 그럴 때는 보리차를 줘보라고 하시더군요. 혹시나? 하면서 줘봤는데 결과는 아주 성공적이었습니다. 시간 텀을 맞춰서 주다 보니 아무래도 토하는 것도 줄게 되었고요. 이유식 먹인 후에 입을 헹굴때도 보리차가 제격인데요, 문제는 보리차를 매번 따뜻하게 만들어주기가 힘들다는 겁니다. 보리차는 잘 상하기 때문에 냉장 보관을 해야 하니까요. 역시 주위 어른께 자문을 구해 방법을 찾았는데요, 일단 보리차를 진하게 끓여 냉장 보관해둡니다. 그리고 보온병에 끓인 생수를 보관했다가 먹일 때 둘을 섞어서 온도를 맞추는 거지요. 분유 먹는 아기들은 물을 항상 끓여둬야 하니까 두 번 손 가는 일도 없고 좋은 방법인 것 같더군요.

물티슈 캡 재활용법 통계에 따르면 아이 한 명 키우는 데 3억 원이 든다고 하는데, 아기 시절에 드는 비용이 그의 10% 이상이지 않을까 생각합니다. 어찌나 기저귀, 분유, 육아용품 등이 많이 필요하고 잘 닳는지…. 투덜대면서도 쓰지 않을 수 없는 육아용품 중 하나가 바로 일회용 물티슈인데요, 직접 사서 써본 엄마라면 물티슈 꺼내는 부분에 캡이 붙어 있는 게 편한데 왜 굳이 리필용으로 사는지에 대한 답을 이미 알고 계실 겁니다. 굳이 설명할 것도 없이 당연히 좀 더 싸기 때문이지요. 한 푼이라도 아끼려는 엄마의 마음을 담아 획기적인 방법 하나를 소개하려 합니다. 아는 사람은 안다는 방법인데요, 먼저 캡이 붙어 있는 물티슈를 소량 구입합니다. 다 쓰고 난 후에 캡 부분을 힘주어 뜯어냅니다. 그리고 리필용 물티슈에 아까 뜯어낸 캡을 그 자리에 붙이는 겁니다. 뜯어내고 나면 약간의 접착력이 남아 있기 때문에 따로 접착제를 사용하지 않고도 쉽게 재활용할 수 있는 거지요. 캡이 있으면 물기도 오래가고, 기저귀 갈면서 한 손으로 뽑기도 쉽고 닫기도 쉽고 여러 가지로 좋습니다.

주방 일을 돕는 가전제품들이 많이 있는데요. 제게 정말 유용했던 것은 바로 식기세척기였어요. 가격이 만만찮았지만 투자 대비 효율성은 최고였던 것 같아요. 특히 아기가 있고 보니 분유 먹는 아기의 분유병을 매번 씻고 소독하는 일이 정말 큰일이었는데 식기세척기 덕을 많이 보았답니다.

mom's letter four

육아 스트레스를 푸는
나만의 비법

어디선가 본 글인데요, 육아 스트레스가 생기는 이유는 자신이 하고자 하는 일에 대한 의지가 꺾이기 때문이라고 하더라고요. 예를 들면 빨래를 널고 있는데, 몇 개만 더 널면 깔끔하게 끝날 텐데, 그 순간 아기가 울어서 중단해야 하는 경우 또는 아침에 일어나면 무조건 세수를 해야 잠이 깨는 습관이 있는데 엄마가 안 보이면 아기가 심하게 울기 때문에 아기가 낮잠을 잘 시간까지 몽롱한 상태로 지내는 것, 겨우겨우 재우고 아침 한 숟가락 먹으려고 하는데 어느새 일어나서 울고 있는 상황 등 우리의 본능을 막는 것부터 시작해서 말로 하자면 끝이 없지요.

게다가 다른 이와의 소통이라고는 전무합니다. 아기 키우는 집이 많은 동네에서는 그나마 오가는 아기 엄마와 이야기라도 하지만, 그것도 아닌 경우는 아기 업고 가게에 가서 계산대 아주머니와 몇 마디 나누고 온 것이 사람 만나 대화한 게 전부일 정도로 고시생만큼이나 외로운 시간이지요. 아기가 방긋방긋 웃어주기나 하면 좋을 텐데, 그렇지 않을 때는 내가 뭐하고 있는 건가, 내가 젖 짜는 기계인가 하는 생각에 우울해지기 십상입니다.

전 육아 스트레스가 쌓일 때면 육아 외에 다른 일에도 정신을 쏟으려고 노력했습니다. 무언가 생산적인 일을 하지 않으면 내 인생이 이러다 끝나지 않을까 하는 우울한 생각이 들어서였습니다.

첫 번째는, 여러 종류의 육아서를 보면서 따라 해보는 것이었습니다. 엄마표 영어를 한다는 육아서를 보면서 미리 공부해두는 셈치고 시간 날 때마다 아기 영어 챈트 송을 신나게 따라 불렀고, 아기가 잘 때면 자막 없는 영어 애니메이션도 보려고 애썼습니다. 두 돌쯤 되면 같이 해볼 요량으로 가베 교구로 아기와 놀이하는 법도 공부해보았고, 아기 동화책을 사서 반응 없는 아기에게 구연 동화를 시도하기도 했지요. 물론, 이 모든 것들은 아기가 크면 이렇게 해봐야지 하는 긍정적인 상상을 하면서 해야 즐거운 것들이었습니다. 내 의지대로 어떤 목적을 이루는 쾌감(?)을 느끼기에는 약간 역부족이긴 했지요.

그래서 두 번째는 좀 더 현실적인 것을 시도해보았는데요. 지금 이 책 쓰기에 도전한 것입니다. 이유식을 만들기 시작하면서 안 먹어서 속상한 것도 있었지만, 안 먹어서 더 연구하고 다양하게 만들기 위해 노력한 정보들을 이웃들과 나누고 싶은 생각에 글을 정리하기 시작했습니다. 책이 나온 지금, 결과적으로 보면 제 노력이 아기의 식성을 바르게 잡는 긍정적인 결과를 얻은 게 가장 큰 열매입니다. 하지만 그것에 그치지 않

고 책 쓰기를 시작함으로써 저의 이유식 노하우를 힘든 엄마들과 나눌 수 있게 되었다는 점에서 정말 의미 있는 시간을 보냈다는 생각이 들고, 저 자신에게도 긍정적인 에너지를 준 일이 아니었나 생각합니다.

세 번째로, 둘째 아기를 낳으면서 시작한 것이 자격증 공부입니다. 아기가 어릴 때, 기기 전이 그나마 가장 시간이 많을 때라는 걸 첫째 아기를 키우면서 체득했기에 이 시간이 참으로 소중하고 아깝게 느껴졌습니다. 그래서 고민하다가 뭔가를 꼭 해야겠다는 생각이 들어서 시작했습니다.

제 주위에서도 육아 하는 동안 스스로 좋아하는 일을 시작하는 분을 많이 보았습니다. 개인의 취향에 따라 퀼트를 하는 분도 있었고, 재봉틀로 작품을 만드는 분도 보았습니다. 또, 직장에 복귀하기 위해 자기 계발하는 분도 정말 많이 보았습니다. 물론 아기를 키우는 시간은 고되기도 하고 지치는 시간임은 분명합니다. 하지만 그럼에도 불구하고, 직장에 나가지 않아도 되는 기간이기도 하고(직장 맘들께는 죄송합니다) 그렇기 때문에 나를 위해 사용할 수 있는 최적의 시간이 될 거라는 생각에는 변함이 없습니다.

아기가 깨어 있을 때는 최대한 눈 맞추고 놀아주되 그 외의 시간을 활용하면 좋을 것 같습니다. 아기가 신생아일 때는 아기가 잘 때 같이 자다가 더 이상 잠이 오지 않을 때, 목을 가누기 시작하면 재우기 위해서 업는 시간에, 좀 더 크면 보행기 타고 걷는 연습하는 시간에, 좀 더 크면 혼자 집중해서 노는 시간에, 좀 더 크면 어린이집에 가는 시간에 나의 몸과 정신 건강을 위해, 자신의 발전을 위해 시간을 투자할 것을 권합니다. 아기만 키우고 끝나기에는 우린 아직 너무 젊습니다. 엄마가 하고 싶은 일을 하면서 신나게 생활하고, 그 긍정적인 에너지를 아기에게 발산하면 아기도 덩달아 즐거워지지 않을까요?

첫째 아기를 키울 때는 아기를 키우면서 뭔가를 한다는 것은 불가능하다고 생각했습니다. 그래서 겨우 시간이 나기 시작한 10개월 정도에야 마음을 먹고 이유식 준비를 하면서 시행착오한 내용을 글로 쓰기 시작했는데요, 둘째 아기는 약간의 노하우가 생겨서인지, 마음의 여유가 생겨서인지 다른 일을 할 수 있겠다는 생각이 들었습니다. 꼭 밖에 나가서 무언가를 해야 한다고 생각하면 어렵습니다. 온라인상으로도 얼마든지 자신의 취미나 특기를 계발할 수 있는 기회가 많으니 지금이라도 한 번 도전해보는 건 어떨까요?

mom's letter five

수학 선생 윤선생 아기의
수학 두뇌는?

제가 수학을 전공하다 보니 주위 엄마들이 "어떻게 하면 아이가 수학을 잘하는 두뇌로 만들어줄 수 있겠느냐"고 물어보시곤 합니다. 그럴 때 제 대답은…. 절대적으로 "글쎄요"입니다. 엄마가 그러한 두뇌를 과연 만들어줄 수 있느냐에 대해서 전적으로 그렇다고 말할 수도 없거니와 선천적인 기질도 절대 무시하지 못하기 때문입니다. 수업 시간에 비슷한 성적의 학생 둘에게 똑같이 설명을 해도 이해하는 속도는 정말 다른 것을 보면 알 수 있지요. 같은 성적이라 할지라도 노력으로 만들어진 것인지 선천적으로 머리가 좋은 것인지는 개인마다 다 다르니까요.

저도 우리 아기가 논리적인 성향을 지녔는지 아닌지 아직은 모릅니다. 하지만 분명한 것은 조금이라도 어릴 때 아기의 성향을 파악하는 게 중요하다는 것입니다. 요즘 학생들은 절반, 아니 3분의 2 이상이 꿈이 없다고 이야기합니다. 자신이 잘하는 것이 무엇인지 알지 못하고, 잘하는 것이 없다고 생각하기 때문에 특별히 좋아하는 것도 없는 것이지요. 저는 '잘하고 좋아하는 것을 해야 성공한다'는 말을 신봉하는 편인데요, 아이가 특별히 뛰어날 수 있는 부분을 찾아서 적극적으로 계발해주는 것 또한 부모가 꼭 해야 할 일이라고 생각합니다. 하지만 본격적으로 성향을 파악하기에는 아직은 아기가 많이 어리기 때문에 엄마는 몇 가지 부분에서 아기의 발달에 자극을 주거나 도움을 주면서 아기를 살피는 것이 좋을 것 같습니다.

첫 번째는 언어 발달입니다. 학력고사 시절에 '수학을 잘한다'는 것은 계산이 빠르고 수학적인, 즉 논리적인 두뇌 회전이 빠르다는 것을 뜻했습니다. 하지만 지금의 수능 수학은 그것만 잘해서는 절대 고득점을 노릴 수 없지요. 지금 우리 아기들이 커서 입시를 준비할 때는 어떻게 될지 아무도 모를 일이지만, 이 흐름이 역으로 바뀔 거라고는 생각하지 않습니다. 수능 수리 영역 문제지에서 26~30번에 걸쳐서 나오는 4점짜리 문제는 보는 순간 딱 질려버립니다. 무슨 말인지 해석하고 이해하는 시간이 실제 계산 시간보다 훨씬 많이 걸리는 이유이지요.

비단 입시뿐만이 아니라 본격적으로 수학을 배우는 초등학교에서도 스토리텔링 위주의 논술 수학을 공부합니다. 상위 학교로 진학할수록 수학에서 언어의 중요성은 더 큰 비중을 차지하지요. 요는, '지금 시대의 수학'을 잘하기 위해서는 언어 능력이 뒷받침되어야 한다는 말입니다. 문제가 뭘 묻는지를 모르는데 무슨

공식을 쓰고 무슨 계산을 해야 하는지 알 수 없는게 당연하니까요. 수학 선생이 글을 쓰다 보니 주제가 수학 위주로 치우친 것 같기도 하네요. 어쨌든, 언어는 모든 사고의 기초이므로 중요한 영역임은 두말할 것도 없거니와 수학을 잘하기 위해서라도 언어 발달에 신경을 써야 하는 것은 분명한 사실입니다.

전 아기에게 언어 자극을 주기 위해서 말귀도 전혀 알아먹지 못하는 시절부터 계속 아기와 대화를 하면서 생활했습니다. 물론, 육아 때문에 집에 콕 박혀 대화할 상대가 아기밖에 없다는 것도 이유이긴 했지만, 지속적인 인풋(input)이 있으면 언젠가는 한꺼번에 아웃풋(output)이 될 거란 믿음이 있기 때문입니다. 집 앞 슈퍼마켓에 가면서도 "지금은 슈퍼마켓에 가는 길이야. 저건 꽃이야. 꽃! 저건 자동차라고 해. 자동차!"라고 아기에게 얘기하면서 다녔어요. 모르는 사람이 봤으면 '저 사람 어디 아픈가' 했을지도 모를 일이긴 한데요, 뭐든 소신껏 하자는 게 제 신조라 꿋꿋이 얘기하면서 다녔습니다. 그리고 제가 효과를 봤다고 생각하는 방법 중 하나는 동요 CD를 자주 틀고 노래를 같이 부른 것입니다. 사실, 이것도 아기가 밥을 안 먹으려고 해서 기분 좋은 식사 시간을 만들어주기 위해서 시작한 것이긴 한데요, 신기하게도 말이 트이기 시작하자, 거의 반 년 전에 불렀던 노래를 아기가 흥얼거리며 안 되는 발음으로 혼자 외워서 부르더라니까요. 그 모습을 보고 이 방법은 정말 효과적임을 확신했답니다.

지금은 많은 엄마들이 관심을 가지는 외국어도 마찬가지입니다. 아기들이 말을 시작할 때 보면 정말 신기한데요, 한두 개의 단어로 띄엄띄엄 시작하기가 무섭게 2, 3주만 지나면 줄줄 문장으로 말합니다. 그런 발달을 보면서 지금 영어권 나라에 데려다 놓으면 영어를 모국어처럼 할 것 같은데, 그런 상황을 만들어줄 수가 없는 게 많이 안타까웠습니다. 하지만 그래도 꾸준히 전문가들의 책을 참고하며 제가 할 수 있는 한 열심히 영어로 말해주려고 노력은 하고 있는데요, 그런 노력이 조금씩 쌓이니 물을 마시고 싶을 때, "Water, please"라고 말하기도 하면서 보람을 느끼게 해줄 때도 있었습니다. 언어에 관해서는 여러 전문가들의 책이 시중에 많이 나와 있습니다. 여러 책을 참고해보시고 다양한 방법을 사용하여 우리 아기의 언어 촉을 자극해주세요. 아기의 천재성이 빛나는 이 시기에 엄마는 분명히 부지런해져야 할 필요가 있는 것 같습니다.

두 번째는 논리 발달입니다. 어린이집에서도 보면, 항상 친구에게 명령조의 말을 하는 아이, 따뜻하게 청유

형으로 부탁하는 아이, 손가락으로 지적하며 가르치듯 말하는 아이 등 아이들의 말하는 유형이 정말 다양하다고 합니다. 조사해보았더니, 이 아이들은 집에서 듣는 엄마 아빠의 말투와 언어 방식을 똑같이 따라 하는 것이었다고 하더라고요.

전 아기에게 논리적인 사고를 길러줄 수 있는 방법을 여기서 찾아보려고 했는데요, 엄마가 논리적으로 대화를 하면 아기도 같은 방식으로 말을 배우지 않을까 하는 생각을 했습니다. 생활 속에서 자연스럽게 논리적으로 말할 수 있다면, 논리적인 사고를 하고 있다고 볼 수 있습니다. 말은 생각의 표현이니까요.

논리적인 사고를 길러주기 위해 제가 하고 있는 것은 아기와 대화를 할 때, "왜?"를 끊임없이 생각하며 아기와 대화를 하는 겁니다. 예를 들면, 아기가 제가 먹고 있는 커피에 관심을 가지고 먹고 싶어 할 때, 단순히 "안 돼"라고 말하는 대신, "엄마가 먹는 커피는 아기에게 안 좋은 게 들어 있어서 아기는 먹으면 안 되는 거야"라고 말해주는 겁니다. 이런 식의 대화는 논리적인 사고를 키워주는 데도 도움을 주지만 아기의 인격을 존중해주는 데도 아주 좋습니다. 무조건적인 "하지마"가 아니라 하면 안 되는 이유를 간단하게 설명해서 아기 스스로 납득하게 하는 거지요. 물론 "커피에는 카페인이라는 성분이 들어 있어서 아기의 뇌 발달에 나쁜 영향을 미친단다" 같은 어려운 설명은 절대 금지입니다. 이런 식의 대화는 아기와 대화를 차단하는 가장 빠른 방법 중 하나일 테니까요. 그리고 두세 번의 설명에도 떼를 쓰는 것은 엄마의 말을 못 알아들어서가 아니라 그저 자신의 주장이 꺾이기 싫어 하는 일춘기 아기들의 대표적인 불만의 표현이므로 단호하게 치워버리거나 제지하는 것이 좋습니다.

또 하나 기억할 것은, 논리적인 사고를 방해하는 가장 큰 것은 바로 거짓말이라는 사실입니다. 흔히 아기들에게 어떤 행동을 못하게 할 때, "이놈 아저씨 온다"고 으름장을 놓는 어른들이 많이 계십니다. 일종의 협박이기도 하지만 거짓말이지요. 아기는 호기심에 따라 혼날 행동을 저질러버리고 나서는 '이놈 아저씨' 올까봐 잔뜩 겁을 먹습니다. 그런데 이놈 아저씨는커녕 아줌마도 안 온다면 아기는 '나쁜 행동을 하면 이놈 아저씨가 온다'는 어른의 논리를 받아들이기 힘들 겁니다. 아기는 세상을 처음 접하고 있고, 세상에 대해서 궁금한 것이 아주 많습니다. 아기가 "왜?"라는 눈빛을 보내기 전에 세상에 대해 친절하고 알아듣기 쉽게 논리적으로 설명해주세요. 아기의 두뇌도 분명 논리적으로 차곡차곡 정리가 되고 있을 겁니다.

세 번째는 독서 습관입니다. 전 어렸을 때부터 책을 너무 좋아해서 피아노 학원에 가는 이유가 학원에 있는 책을 읽기 위해서였는데요, 우리 아기도 책의 즐거움에 빠졌으면 좋겠다는 생각을 했기 때문에 돌 이전부터 아기의 침대와 노는 곳 주위 등에는 장난감을 서랍 속에 넣어두고 책을 손쉽게 접할 수 있도록 펼쳐놓곤 했습니다. 손이 잘 닿는 곳에 책을 두어야 한 번이라도 더 눈길이 갈 것이라는 생각 때문이었지요.

맹자의 어머니처럼 이사는 다니지 못할망정 머리맡에 책 놓아두는 것도 못하겠느냐 싶어서 책을 빨고 던지고 베개를 삼을 때에도 그러다가 친해지겠거니 하면서 좋게 생각했습니다. 그리고 최대한 자주, 많이, 재미있게 읽어주려고 노력했습니다. 그러다 보니 정말 책을 좋아하게 된 것을 보게 되었지요. 장난감과 책이 있으면 책을 먼저 집어드는 것을 보고 내심 성공했다 싶었습니다.

처음에는 '손바닥 책'같이 작은 책으로 시작해서 조금씩 글이 있는 것으로 읽혔는데요, 책을 더 이상 빨지 않는 시기가 되었을 때부터는 중고로 책을 사서 읽히고 있습니다. 그리고 아기가 차에 관심이 부쩍 많아지면서 차 모양으로 나온 책이나 차 그림이 나온 책을 많이 산 편이고요. 주의할 점은, 아기가 책을 마음에 들어 하지 않는다거나 수준이 맞지 않아 안 보는 경우에도 바로 치우지 않아야 한다는 겁니다. 책이 옆에서 굴러다니게 하면서 기회를 봐서 아주 재미있게 읽어주면 슬금슬금 한 번씩 보다가 적응하게 되거든요.

책을 읽히면 읽힐수록 느낀 것인데요, 단순히 책을 좋아하면 좋겠다고 생각해서 시작한 책읽기는 제가 전혀 생각하지도 못했던 많은 장점을 지니고 있었습니다. 일단 집중력이 아주 높아집니다. 돌이 좀 지난 시점부터 조용하다 싶으면 혼자 앉아서 책을 집중해서 보고 있는 모습을 볼 수 있었습니다. 물론, 그 시간은 엄마의 자유 시간이지요. 정~말 TV를 보여주는 것과는 비교도 할 수 없을 정도로 마음 편하고 행복한 시간입니다. 게다가 암기력이 엄청 좋아집니다. 언젠가 같이 책을 읽고 있다가 병원 그림이 나왔는데 갑자기 책장 앞으로 가더니 어떤 책의 어느 페이지를 펼쳐서 똑같은 모양의 십자가를 찾아내더군요. 우연인가 했는데 그게 아니었어요. 어느 광고지에서 무당벌레 그림을 보고는 또 갑자기 일어서더니 "점점점" 하면서 책을 펴는 겁니다. '점'을 설명하는 책에서 무당벌레 무늬 그림이 있었던 거지요. 글씨도 아직 모르는 아기가 꽂혀 있는 책에서 제목만 보고 책을 찾아서 딱 그 페이지를 펼치는데 정말 놀라울 따름이었습니다. 그리고 말을 하면서부터는 책에 있는 대화를 그대로 외워서 말을 하기 시작했습니다. 평소에는 "밤~밤~" 정도 수준의 단어밖에 표현 못하던 아이가 불이 꺼진 화장실 앞에 가서 "이야~~깜깜한 밤이네~"라고 하더군요. 책의 상황과 비슷한 상황을 마주하게 되면 가르쳐주지도 않은 긴 문장을 의성어, 의태어를 섞어가며 말하곤 하는 것을 보고 참 신기했습니다.

책 읽기는 생활 습관을 기르는 데도 큰 도움을 주는 것 같습니다. 우리 아기는 이발하러 가는 것을 정말 무서워했는데 동화책에서 사자와 강아지가 미용실에 가는 것을 몇 번이나 읽더니 조금의 불평도 없이 이발기까지 참아내는 걸 보고 책의 위력을 다시 한 번 새삼 느꼈습니다. 또 제일 책에 고마웠던 것은 재차 언급하는 것이지만 실랑이 없이 밥을 먹일 수 있었던 것이고요. 자기 아이는 천재같이 느껴진다고 하던데, 책을 많이 읽는 아이를 보면 천재가 아니라 초능력을 지닌 아이같이 느껴질지도 모릅니다. 제가 그랬거든요.

mom's letter six

이유식 기간
아빠의 밥상은?

이유식을 할 때는 저녁 밥상을 두 번 차려야 합니다. 그래도 후기 이유식까지는 미리 이유식을 만들어두어 때맞춰 데워 먹이기만 하면 되니까 그나마 괜찮았습니다. 하지만 완료기에 들어서면서는 아기 반찬 따로, 아빠 반찬 따로 해야 하니까 초스피드로 순서를 정해서 음식을 하지 않으면 제대로 밥을 먹을 수가 없었습니다. 게다가 시간이 밀리면 아기가 잘 시간까지 늦어지니까 더 바짝 긴장할 수밖에 없었지요.

일단, 대부분의 돌쟁이 엄마들이 그렇듯 어른 밥상보다는 아기 밥상에 중점을 두게 됩니다. 아기들이 태어나기 전에는 저녁 밥상이 제일 중요한 거라 생각하며 몇 시간씩 준비해 정성스럽게 차려 대령하기도 했지만 아기를 돌보면서는 말 그대로 불가능한 일이었지요. 너무 힘들어서 반찬을 사 먹어 보기도 했지만, 내가 만든 게 아니기에 입맛에 꼭 맞지는 않더라고요. 그래서 궁리 끝에, 조금 덜 차리고, 조금 더 빠르게 차릴 수 있는 밥상을 생각하게 되었습니다.

멸치볶음이나 쥐치포조림, 콩자반 등의 반찬은 주말에 두세 개 만들어두고 주중의 저녁상은 메인 요리 하나, 만들어둔 밑반찬 하나, 그리고 샐러드나 생채소 한 가지, 이런 식으로 차리는 것을 저 나름의 기본 폼으로 정했습니다.

제가 저녁상을 차리는 순서는 이렇습니다.

밥하기 ▷ 채소 세척(물에 담가두기) ▷ 메인 요리 ▷ 상 차리기

밥은 2~3일에 한 번씩 했고요, 2일 이상 보관해야 할 때는 냉동실에 1인분씩 보관해뒀다가 볶음밥이나 국밥을 만들었습니다. 그나마 건강과 영양은 지켜야 할 것 같아서 샐러드 또는 생채소를 꼭 올리긴 했고요. 메인 요리는 김치나 미리 손질해둔 재료를 냉동해두고 그때그때 사용했습니다. 어른 밥상은 간단하게 만들 수 있는 걸 하는 게 서로의 정신 건강에 좋은 것 같습니다. 돌쟁이 키우면서 외식 안 하고 직접 상 차려서 밥 먹는 것이 얼마나 대단한 건지 해보신 분은 다 아실 테니까요. 저희 집의 밥상은 각자의 상황에 따라 참고만 하셔도 좋을 것 같습니다.

스피드 고기 + 채소 요리

이유식 재료를 손질할 때 어른용으로 크기만 달리하여 따로 손질해둡니다. 잘 먹는 종류의 고기(혹시 너무 시간이 촉박하다면 냉동 떡갈비류의 고기를 이용하세요), 잘 먹는 종류의 채소를 여러 가지 섞어 적당한 크기로 썰어 나누어 냉동해두면 요리의 시간을 줄일 수 있지요.

⇨ 다진 채소 + 고기 + 카레 + 밥 = **카레라이스**

⇨ 다진 채소 + 고기 + 짜장 + 밥 = **짜장덮밥**

⇨ 다진 채소 + 고기 + 밥 = **볶음밥**

⇨ 다진 채소 + 고기볶음 + 잘게 썬 두부 + 다진 마늘, 고추장, 굴소스, 올리고당 + 밥 = **마파두부덮밥**

⇨ 다진 채소 + 고기 + 된장 + 육수 = **된장찌개**

⇨ 다진 고기 + 토마토소스 + 스파게티 면 + 치즈 = **미트볼토마토파스타**

⇨ 양파 + 구운 고기 + 스테이크 소스 = **스테이크샐러드**

⇨ 구운 고기 + 잎채소, 양파 + 머스터드 + 토르티야 = **스테이크 랩**

⇨ 햄버거 빵 + 상추 + 구운 고기 + 머스터드, 토마토케첩 = **뉴욕식 햄버거**

스피드 김치 요리

김치볶음을 만들어둡니다. 볶을 때 설탕을 약간 넣으면 금방 물러집니다.

⇨ 김치볶음 + 참치, 파, 두부, 김칫국물, 생수 = 김치찌개
⇨ 김치볶음 + 햄(참치), 채소, 밥 = 김치볶음밥
⇨ 돌솥에 버터 + 밥 + 김치볶음, 다진 단무지 = 김치돌솥밥
⇨ 김치볶음 + 멸치 육수 + 밥 + 달걀, 부추 = 김치국밥
⇨ 김치볶음 + 밀가루 + 달걀 = 김치전

스피드 국물 요리

국물 요리를 한 다음날 아침은 밥과 달걀을 풀어 국밥으로, 또는 국물을 약간만 남기고 김과 김치를 넣어 볶음밥으로 변신시킵니다.

멸치 육수 : 국물 내기용 부직포 팩에 국물용 멸치와
꽃새우를 넣어 으깨둡니다(시판 국물팩을 이용하셔도 좋아요).
⇨ 으깨두었기 때문에 오래 넣지 않아도 국물이 충분히 우러납니다. 육수를
따로 내지 말고 내용물과 한꺼번에 끓이다가 중간에 건져내세요.

닭 육수 : 치킨 스톡을 이용합니다.
⇨ 닭 육수를 고체화해놓은 제품입니다. 하나 넣어 사용하면 이미 간도 다 되어
있으므로 정말 간단하게 요리할 수 있지요.

시간과 준비가 전무할 때 : 참치액(또는 까나리액젓)을 이용합니다.
⇨ 아무것도 준비 되어 있지 않을 때, 생수에 참치액 또는 까나리 액젓과 다진 마늘(때에 따라 청양고추 약
간)을 넣으면 어느 정도 국물 맛을 낼 수 있습니다. 급하게 떡국, 만둣국, 달걀국, 국수장국 등을 만들 때 아주
유용합니다.

스피드 해물 요리

여러 가지 해물을 손질하여 1회분씩 나누어둡니다.
혹시 시간이 부족하다면 시판 냉동 해물류를 이용하는 것도 좋아요.
⇨ 중국식 잡탕밥, 미역국, 된장국, 순두부찌개, 어묵탕, 해물파전, 해물김치전, 해물카레볶음밥,
해물떡볶이, 해물스파게티, 해물라면 등에 두루두루 잘 사용할 수 있어요.

스피드 사골 요리

사골 국물을 이용합니다. 직접 낸 사골 국물이 없다면,
요즘 나오는 방부제 안 든 시판 사골 국물을 이용해보는 것도 나쁘지 않을 듯해요.
⇨ 사골 국물 + 만두(떡) + 다진 파, 달걀지단 = **만둣국, 떡국**
⇨ 사골 국물 + 파, 햄, 떡, 라면 사리와 수프 가루 약간 = **부대찌개**
⇨ 사골 국물 + 순대, 내장 + 들깻가루, 깻잎, 밥 = **순댓국밥**
⇨ 사골 국물 + 돼지고기 목살 슬라이스, 밥 + 부추, 다대기 = **부산식 돼지국밥**
(다대기 : 사골 국물 · 고춧가루 · 들깻가루 · 다진 마늘 1큰술씩 + 소금 · 후춧가루 약간씩)

스피드 볶음 요리

굴소스를 이용합니다. 음식의 간을 맞추기에 아주 편한 대신 첨가되어 있는
약간의 조미료는 눈감아주기로 합니다.
⇨ 냉동 해물(치킨너겟, 햄) + 밥 + 굴소스 = **해물(치킨, 햄)볶음밥**
⇨ 소시지 + 채소 + 굴소스, 토마토케첩 = **소시지채소볶음**
⇨ 오징어 + 채소 + 굴소스, 고춧가루, 후춧가루 = **오징어볶음**
⇨ 우동 면 + 채소 + 굴소스, 간장, 마늘 = **볶음우동**

아빠 밥상을 근사하게 만드는 초간단 샐러드

계절 과일과 냉장고 속 채소로 간단히 만들 수 있어요. 분량은 취향껏 하세요.

오리엔탈 소스 : 간장 + 식초 + 설탕 + 참기름 + 참깨 (1 : 1 : 1 : 1 : 1)

사우전드 드레싱 : 케첩 + 마요네즈 + 꿀(개인 취향 대로 비율 섞기)

유자 소스 : 유자청 + 올리브오일 (3 : 1)

겨자 드레싱 : 연겨자 + 마요네즈 + 식초 + 꿀 + 올리브오일 + 다진 양파 (1 : 5 : 5 : 5 : 3 : 3)

스리라차 소스 : 초장 + 케첩 (3 : 1)

마요네즈 소스 : 마요네즈 + 레몬즙 + 다진마늘 + 소금 (3 : 1 : 약간 : 약간)

요구르트 드레싱 : 플레인 요구르트 + 레몬즙 + 꿀 (7 : 1 : 1)

발사믹 소스 : 발사믹 식초 + 올리브 오일 + 다진 양파 + 다진 마늘 + 소금 (3 : 3 : 1 : 1 : 약간)

＊레몬즙 대신 식초도 가능합니다.

라면샐러드

□ 삶은 라면 사리
□ 어린잎
□ 파프리카
□ 참깨
□ 초장

만두샐러드

□ 군 만두
□ 채썬 양배추
□ 참깨
□ 초장 또는 오리엔탈 소스

브로콜리옥수수
샐러드

☐ 삶은 브로콜리
☐ 삶은 옥수수
☐ 참깨
☐ 요구르트 드레싱

사과샐러드

☐ 사과
☐ 어린잎 채소
☐ 블랙 올리브
☐ 사우전드 드레싱

새우샐러드

☐ 데친 새우
☐ 돌나물
☐ 사과
☐ 겨자 드레싱

연두부샐러드

- ☐ 연두부
- ☐ 무순
- ☐ 스리라차 소스

오이밤샐러드

- ☐ 오이
- ☐ 밤
- ☐ 검은깨
- ☐ 마요네즈 소스

닭가슴살샐러드

- ☐ 삶은 닭가슴살
- ☐ 파프리카
- ☐ 건포도
- ☐ 파슬리
- ☐ 요구르트 드레싱

어린잎토마토
샐러드

□ 어린잎 채소
□ 토마토
□ 유자 소스

크래미샐러드

□ 게살 크래미
□ 새싹채소
□ 허니 머스터드 드레싱

땅콩밤어린잎
샐러드

□ 밤
□ 땅콩
□ 어린잎 채소
□ 발사믹 드레싱

파인애플샐러드

- □ 파인애플
- □ 채소 믹스
- □ 요구르트 드레싱

크루통샐러드

- □ 크루통
- □ 어린잎 채소
- □ 참깨
- □ 사우전드 드레싱

메추리알샐러드

- □ 삶은 메추리알
- □ 양상추
- □ 무순
- □ 슬라이스 양파
- □ 발사믹 소스

과일샐러드
(계절 과일)

□ 사과
□ 복숭아
□ 양상추
□ 건포도
□ 요구르트 드레싱

청포도샐러드

□ 청포도
□ 어린잎 채소
□ 블랙올리브
□ 요구르트 드레싱

딸기샐러드

□ 딸기
□ 양상추
□ 땅콩

2 PART

초기
이유식

(4~6개월 아기)

● 1WEEK~9WEEK

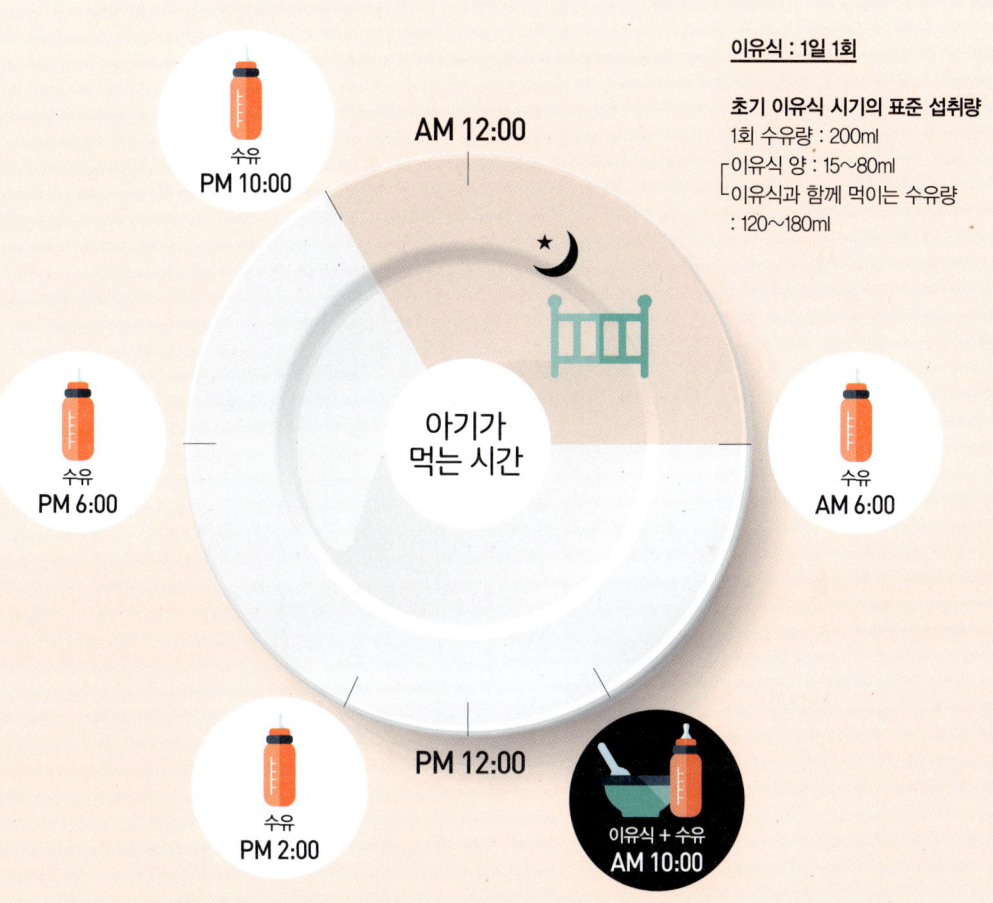

이유식 : 1일 1회

초기 이유식 시기의 표준 섭취량
1회 수유량 : 200ml
이유식 양 : 15~80ml
이유식과 함께 먹이는 수유량
: 120~180ml

AM 12:00

수유
PM 10:00

수유
PM 6:00

수유
AM 6:00

아기가
먹는 시간

수유
PM 2:00

PM 12:00

이유식 + 수유
AM 10:00

초기 이유식

● 하루에 한 번, 모유나 분유가 아닌 쌀미음으로 이유식을 처음 시작합니다.

● 숟가락으로 먹는 데 적응하는 시기예요. 먹는 양보다 흘리고 버려지는 양이 더 많으니 아기가 이유식에 익숙해지는 데 만족하세요.

● 쌀미음의 쌀 크기는 믹서에 갈아 알갱이가 없는 상태로 시작해, 4분의 1 정도 크기까지 늘리며 물은 쌀 양의 10배로 부어 끓여요.

● 이유식을 아기에게 먹일 때 적당한 온도는 체온 정도입니다.

● 이유식을 시작할 때는 영양가보다는 '아기가 먹을 수 있도록 하는 데' 초점을 두어야 합니다.

● 첫 한 달은 흐물흐물한 상태, 두 번째 달은 질척한 잼의 묽기가 적당해요.

● 초기 이유식은 아기가 처음 접하는 밥입니다. 낯설어서 잘 먹지 못할 수 있으나 인내심을 가지고 천천히 아기의 상태에 맞춰 진행하세요.

● 쌀미음으로 시작해 재료를 한 가지씩 추가합니다. 재료를 추가한 후에는 4일 정도 같은 이유식을 주어 재료에 알레르기 반응이 일어나지 않는지 체크하세요. 알레르기 반응이 생긴다면 일단 그 재료는 건너뛰고 다른 이유식을 줍니다. 초기에 알레르기 반응이 있던 재료도 중기로 넘어가면 잘 먹을 수 있으니 메모해두었다가 중기에 다시 도전해보세요.

● 이유식 진행 방식은 기본 일주일씩이지만, 2주차부터 두 가지 재료를 각 4일치 분량으로 표기했기 때문에 4일×2는 8일치가 되니 넉넉한 분량입니다.

초기 이유식 단계별 진행 공식

1단계 쌀미음 아주 잘게 간 쌀 또는 쌀가루에 쌀 양의 10배로 물을 넣어 끓인 미음
2단계 열매채소미음 쌀미음에 애호박, 오이 등 열매채소를 추가한 미음
3단계 잎채소미음 쌀미음에 양배추, 브로콜리, 비타민, 청경채 등 잎채소를 추가한 미음
4단계 뿌리채소미음 쌀미음에 감자, 고구마 등 뿌리채소를 추가한 미음
5단계 고기미음 쌀미음에 쇠고기, 닭고기를 추가한 미음
6단계 과일미음 쌀미음에 사과, 배를 추가한 미음
7단계 혼합미음 앞서 먹여본 재료 중 두 가지를 쌀미음에 추가하여 만든 미음

초기 이유식은 기본적으로 위의 1 ⇨ 7 단계의 순서로 진행합니다.
그러나 6개월에 이유식을 시작하는 아기라면, 1 ⇨ 5 ⇨ 5 + 2 ⇨ 5 + 3 ⇨ 5 + 4 ⇨ 5 + 6단계(쌀미음 ⇨ 고기미음 ⇨ 고기+열매채소미음 ⇨ 고기+잎채소미음 ⇨ 고기+뿌리채소미음 ⇨ 고기+과일미음)의 순서로 진행하세요. 아기가 태어난 지 6개월이 지나는 시점은 태어날 때부터 몸에 지니고 나온 철분이 빠져나가 결핍되는 시기이므로 매일 고기를 먹여야 한다는 점, 잊지 마세요!

초기 이유식 식단표

1주차 쌀미음

2주차 오이미음, 애호박미음

3주차 브로콜리미음, 청경채미음

4주차 고구마미음, 감자미음

5주차 양배추미음, 단호박미음

6주차 감자완두미음, 쇠고기미음

7~8주차 고구마브로콜리미음, 닭고기미음

9주차 사과미음, 배미음

초기 이유식

1 week
쌀미음

'드디어 우리 아기도 사람처럼 숟가락으로 밥을 먹는다'라는 설렘….

'잘 먹어줄까? 뱉어내지는 않을까?' 하는 걱정…. 제가 그랬듯 다들 그러시겠지요.

아기가 4~6개월이고 엄마 밥을 보고 침을 흘리고 있다면 일단, 먹여보세요.

아기가 먹을 준비가 되지 않았다면 뱉을 것이고, 먹을 준비가 되었다면 꿀꺽꿀꺽 삼키겠지요?

분유를 먹는 아기는 4개월, 모유 먹는 아기는 6개월이 적정 시작 시기이긴 합니다.

하지만 모든 아기의 머리카락 개수가 다르고, 손톱 모양이 다르듯이 아기마다 받아들이는 시기도 모두 다르답니다.

참고로, 저희 아기는 4개월에 시작했다가 실패해서 다음 주 다음 주, 하다 결국 5개월에 시작했습니다.

역사적인 우리 아기의 첫 밥. 시작해볼까요?

우리 아기 처음 미음 만들기

1주차 재료(1회분)
☐ 쌀 1T(15g)
☐ 물 1컵

1회분 만들기

❶ 쌀을 깨끗이 씻어 2시간 이상 찬물에 불립니다.
❷ ①과 물 ½컵을 믹서에 넣고 10초 이상 갈아 우유 묽기로 만드세요.
❸ 이유식용 냄비에 쌀과 나머지 물 ½컵을 부어 중간 불에서 7분 정도 계속 저어가며
   눌어붙지 않도록 주의하면서 끓이세요.
❹ 어느 정도 식은 후, 체에 거르면 완성입니다.

쌀미음 10회분 재료 미리 준비하기

재료(10회분)
☐ 쌀 1컵(10T)
☐ 물 ½컵

쌀을 1T씩 씻고 불리고 하기란 여간 번거로운 일이 아닙니다. 한 번에 10회분 쌀을 준비하는 방법을 알려드릴게요.
냉동 쌀큐브를 만들어 놓는 방법인데요, 만들 때는 냉동한 쌀큐브를 완전히 해동한 후 만들기만 하면 됩니다.

❶ 종이컵 1컵 분량(약 10T)의 쌀을 깨끗이 씻으세요.
❷ 2시간 이상 찬물에 불립니다.
❸ ②와 물 ½컵을 함께 10초 이상 믹서에 갈아요(둘째 달부터는 5~6초간만 갈면 됩니다).
❹ ③을 10개의 용기에 나누어 담아 냉동실에 보관합니다.

냉동 쌀큐브로 이유식 만들기

이유식용 냄비에 해동한 냉동 쌀큐브 1개당 물 1컵을 넣고 중간 불에서 7분 정도 저어가며 끓여요.
(미처 해동시키지 못했을 때는 미지근한 물에 그릇째로 담가 두면 금방 녹는답니다.)

2 week

감기에 좋아요

오이미음, 애호박미음

쌀미음…. 생각보다는 잘 안 먹던가요?

아니면 예상대로 아주 잘 먹던가요?

신기해서 안 먹든지, 신기해서 잘 먹든지

어쨌든 아기는 지금 신기한 첫 밥을 마주하고 있습니다.

2주차에 오이미음을 만들면서는 의구심이 들던 기억이 나네요.

'오이 향이 이렇게 진한데도 과연 먹을까?'

제게는 망설임을 안겨준 그 진한 오이 향이

아기에게는 신세계였던가 봅니다.

신기하게도 넙죽넙죽 먹더니, 지금도 오이는 간식으로

아작아작 잘 씹어 먹는답니다. 물론, 초기 이유식이라

오이와 애호박의 껍질 부분은 칼로 잘 벗겨서 진행합니다.

재료 한 번에
준비하고 쉽게 만들기

2주차 재료(8회분)
□ 냉동 쌀큐브 : 쌀 8T(120g), 물 ½컵
□ 오이(한 뼘 길이)½개(40g, 4회분)
□ 애호박(한 뼘 길이)¼개(40g, 4회분)
□ 물 8컵

재료 일주일치 한 번에 준비하기

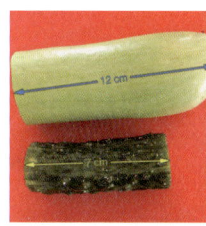    

❶ 오이와 애호박의 껍질을 벗기고 4등분한 다음 중간의 씨 부분을 잘라냅니다.
❷ 각각 믹서에 갈아 네 번 먹을 분량으로 나누어 냉동 보관하세요.
❸ 쌀미음 재료는 1주차에서 소개한 방법으로 냉동 쌀큐브로 만들어둡니다.

1회분 만들기

❶ 나누어 냉동해둔 1회 분량의 냉동 쌀큐브를 완전히 해동합니다.
❷ 이유식용 냄비에 ①과 물 1컵을 부으세요.
❸ 5분 정도 중간 불에서 저어가며 끓이세요.
❹ 미리 준비해둔 1회 분량의 냉동 오이큐브를 넣고 2분 정도 더 끓입니다
　(애호박미음도 같은 방법으로 만들어요).
❺ 어느 정도 식고 난 후, 체에 거르면 완성입니다.
*냉동 쌀큐브를 해동하는 방법은 사용 전날 냉장실로 옮겨놓거나, 용기에 담아 물에 담가놓으면 됩니다.

3 week

감기에
좋아요

브로콜리미음, 청경채미음

드디어 색깔이 조금씩 있는 미음이 시작됩니다.
이유식을 시작하면서부터 아기의 변이 굳어져서
걱정이라면 이번 주에는 그런 걱정을 안 해도
될 거예요. 잎채소에는 섬유소가 많기 때문이죠.
미음에 쓰는 브로콜리는 줄기 부분은
사용하지 않고 잎 부분만 사용해야 해요.
그나저나 브로콜리의 잎은 워낙 촘촘해서 세척이
어려운데요, 베이킹소다와 함께 물에 10분 정도
담가둔 다음 식촛물에 잠시 퐁당했다가 꼼꼼히
헹구세요. 유기농이라 해도 우리 아기 입속에
들어갈 건데 그냥 쓸 수 없잖아요?
미세 먼지, 세균, 농약, 벌레까지 싹~ 없애고
깔끔하게 만들어주자고요.

재료 한 번에
준비하고 쉽게 만들기

3주차 재료(8회분)
- ☐ 냉동 쌀큐브 : 쌀 8T(120g), 물 ½컵
- ☐ 브로콜리 잎 부분
  (야구공 크기) ¼개(20g, 4회분)
- ☐ 청경채 10cm 6~7장(30g, 4회분)
- ☐ 물 8컵

재료 일주일치 한 번에 준비하기

❶ 청경채, 브로콜리를 깨끗이 씻어 각각 믹서에 갑니다.
❷ 각각 네 번 먹을 분량으로 나누어 냉동 보관하세요.
❸ 쌀미음 재료는 1주차에서 소개한 방법으로 냉동 쌀큐브로 만들어둡니다.

1회분 만들기

❶ 나누어 냉동해둔 1회 분량의 냉동 쌀큐브를 완전히 해동합니다.
❷ 이유식용 냄비에 ①과 물 1컵을 부으세요.
❸ 5분 정도 중간 불에서 저어가며 끓이세요.
❹ 나누어둔 1회 분량의 브로콜리를 넣고 2분 정도 더 끓입니다
   (청경채미음도 같은 방법으로 만들어요).
❺ 어느 정도 식고 난 후, 체에 거르면 완성입니다.
*냉동 쌀큐브를 해동하는 방법은 사용 전날 냉장실로 옮겨놓거나, 용기에 담아 물에 담가놓으면 됩니다.

초기 이유식

4 week

고구마미음, 감자미음

고구마와 감자미음은 앞서 소개한 미음과 달리,
재료를 갈아서 익히는 것이 아니라 익혀서 으깨는 레시피로
소개해 드릴텐데요. 고구마와 감자는 가는 것보다
으깨는 것이 단맛이 더 강하기 때문이에요. 혹시 더 달콤한
맛을 주고 싶으시다면 고구마와 감자를 직화로 구워서
군고구마, 군감자를 으깨 넣으면 된답니다.

재료 한 번에
준비하고 쉽게 만들기

4주차 재료(8회분)
☐ 냉동 쌀큐브 : 쌀 8T(120g), 물 ½컵
☐ 고구마(중간 크기) 1개(40g, 4회분)
☐ 감자(중간 크기) 1개(40g, 4회분)
☐ 물 8컵

재료 일주일치 한 번에 준비하기

❶ 감자, 고구마는 껍질을 벗겨 삶거나 찐 다음 포크나 매셔로 으깨세요.
❷ 각각 네 번 먹을 분량으로 나누어 냉동 보관하세요.
❸ 쌀미음 재료는 1주차에서 소개한 방법으로 냉동 쌀큐브로 만들어둡니다.

1회분 만들기

❶ 나누어 냉동해둔 1회 분량의 냉동 쌀큐브를 완전히 해동합니다.
❷ 이유식용 냄비에 ①과 물 1컵을 부으세요.
❸ 5분 정도 중간 불에서 저어가며 끓이세요.
❹ 나누어둔 1회 분량의 감자를 넣고 2분 정도 더 끓입니다
   (고구마미음도 같은 방법으로 만들어요).
❺ 어느 정도 식고 난 후, 체에 거르면 완성입니다.
*냉동 쌀큐브를 해동하는 방법은 사용 전날 냉장실로 옮겨놓거나, 용기에 담아 물에 담가놓으면 됩니다.

5
week
양배추미음, 단호박미음

이번 주는 달콤한 양배추와 단호박미음입니다.
우리 아기들, 슬슬 이유식에 적응이 잘 되어가고
있나요? 양배추미음을 만들 때, 농약 제거를 위해
베이킹소다와 식초에 담그는 거 알고 계시지요?
하지만, 유의해야 할 사항이 있는데요,
양배추는 수용성 비타민을 함유하고 있기 때문에
씻을 때 물에 10분 이상 담가두면 안 된답니다.
타이머 10분 잊지 마세요.
또, 다른 미음와 달리 양배추미음에서만은 양배추를
데쳐서 갈아야 하는데요, 양배추를 끓이면 황 성분이
나오기 때문에 미리 제거하기 위한 목적이랍니다.

재료 한 번에
준비하고 쉽게 만들기

5주차 재료(8회분)
☐ 냉동 쌀큐브 : 쌀 8T(120g), 물 ½컵
☐ 양배추(중간 크기) 1½장
　 (5×7cm, 35g, 4회분)
☐ 단호박(중간 크기) ½개(40g, 4회분)
☐ 물 8컵

재료 일주일치 한 번에 준비하기

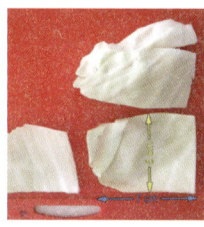 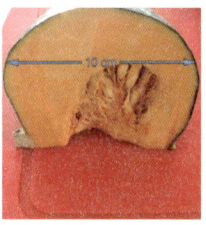   

❶ 양배추는 심을 제외한 잎 부분을, 단호박은 통째로 깨끗이 씻은 후 반을 갈라
　 속의 씨를 제거합니다.
❷ 양배추는 끓는 물에 데친 후 믹서에 가세요.
❸ 단호박은 찐 후에 과육을 파내어 포크나 매셔로 으깨세요.
❹ ②, ③를 각각 4회 분량으로 나누어 냉동합니다.
❺ 쌀미음 재료는 1주차에서 소개한 방법으로 냉동 쌀큐브로 만들어둡니다.

1회분 만들기

❶ 나누어 냉동해둔 1회 분량의 냉동 쌀큐브를 완전히 해동합니다.
❷ 이유식용 냄비에 ①과 물 1컵을 부으세요.
❸ 5분 정도 중간 불에서 저어가며 끓이세요.
❹ 나누어둔 1회 분량의 양배추를 넣고 2분 정도 더 끓입니다
　 (단호박미음도 같은 방법으로 만들어요).
❺ 어느 정도 식고 난 후, 체에 거르면 완성입니다.
*냉동 쌀큐브를 해동하는 방법은 사용 전날 냉장실로 옮겨놓거나, 용기에 담아 물에 담가놓으면 됩니다.

초기 이유식

6 week
감자완두미음, 쇠고기미음

이번 주에는 앞서 먹여본 감자미음에 완두콩을 추가하여 두 가지 재료를 넣은 미음을 만들어볼 거예요.
여름철이 아니면 완두콩을 구하기가 쉽지 않지만 많은 아기 엄마가 그러하듯 인터넷을 잘 활용하면 유기농이나
좋은 품질의 완두콩을 구할 수 있을 겁니다. 이제 6개월 정도에 접어드는 아기들이 많을 텐데요,
아기가 엄마 뱃속을 나온 지 6개월이 지나면 몸속에 비축해놓은 철분이 다 빠져나갑니다. 그래서 6개월부터는
매일 쇠고기를 먹이라고 하지요. 그런데 쇠고기미음을 만들 때, 일명 누린내라고 하는 쇠고기 냄새가 걱정되어
찬물에 한참 담가두는 분들이 계시더라고요. 찬물에는 딱 5분만 담그세요. 오래 담가두면 철분이 핏물과 함께 모두
빠져나가기 때문에 영양가가 많이 떨어집니다. 또 마지막 단계에서 체에 거를 때 잘 걸러지지 않으면
숟가락으로 꾹꾹 눌러가면서 거름망을 통과시키면 훨씬 수월하게 만들 수 있을 거예요.

재료 한 번에 준비하고 쉽게 만들기

6주차 재료(8회분)
- 냉동 쌀큐브 : 쌀 8T(120g), 물 ½컵
- 감자(중간 크기) ⅓개 정도(43g, 4회분)
- 완두콩 1½줌 정도(20g, 4회분)
- 쇠고기 안심 부위 60g
- 물 8컵

완두감자미음 4회분 재료 준비

❶ 감자는 껍질을 벗겨 삶아 매셔 등을 이용해 으깨세요. ❷ 완두콩은 하루 정도 물에 불려 끓는 물에 삶은 후 믹서에 가세요. ❸ ①과 ②를 각각 네 번 먹을 분량으로 나누어 냉동 보관하세요. ❹ 쌀미음 재료는 1주차에서 소개한 방법으로 냉동 쌀큐브로 만들어둡니다.

쇠고기미음 4회분 재료 준비

❶ 다진 쇠고기를 찬물에 5분간 담가 핏물을 빼세요. ❷ 끓는 물에 익혀 건진 후 절구로 찧습니다. ❸ 네 번 먹을 분량으로 나누어 냉동 보관하세요.

1회분 만들기

❶ 나누어 냉동해둔 1회 분량의 냉동 쌀큐브를 완전히 해동합니다. ❷ 이유식용 냄비에 ①과 물 1컵을 부으세요. ❸ 5분 정도 중간 불에서 저어가며 끓으세요. ❹ 나누어둔 1회 분량의 감자와 완두를 넣고 2분 정도 더 끓입니다 (쇠고기미음도 같은 방법으로 만들어요. 이때 거품이나 불순물이 뜨면 숟가락 등으로 제거하세요). ❺ 어느 정도 식고 난 후, 체에 거르면 완성입니다.

*냉동 쌀큐브를 해동하는 방법은 사용 전날 냉장실로 옮겨놓거나, 용기에 담아 물에 담가놓으면 됩니다.

초 기 이 유 식

7·8 week
고구마브로콜리미음, 닭고기미음

고구마와 브로콜리는 궁합이 정말 잘 맞는 재료라 만들어보았습니다.
꼭 고구마와 브로콜리가 아니더라도 이유식을 만들 때 음식 궁합을 따져보면서
만드세요. 이왕이면 다홍치마라고 몸에 잘 맞고 맛도 조화로운 엄마표 이유식을
먹으면 우리 아기의 입과 몸이 더 행복해지지 않을까요?
닭고기미음을 만들 때 유의할 점이 있는데요, 닭 역시 고기이므로 고기 냄새가
날 수 있어요.
이때 우리 아기들에게 가장 알맞고 안전하게 냄새를 제거하는 방법은 분유 물
또는 모유 물에 30분 정도 담가두는 거랍니다. 여름철에는 상할 염려가 있으니까
담가둘 때, 아무래도 냉장고에 보관하는 편이 좋겠지요.

재료 한 번에
준비하고 쉽게 만들기

7 · 8주차 재료(8회분)
☐ 냉동 쌀큐브 : 쌀 8T(120g), 물 ½컵
☐ 고구마(한 뼘 길이) ¼개(30g, 4회분)
☐ 브로콜리 잎 부분
   (야구공 크기) ⅓개(30g, 4회분)
☐ 닭고기 안심 부위 60g
☐ 물 8컵

고구마브로콜리미음 4회분 재료 준비 ◀

❶ 고구마는 물에 삶아 익혀 매셔 등을 이용해서 잘 으깨세요.
❷ 깨끗이 씻은 브로콜리는 믹서에 가세요.
❸ ①, ②를 각각 네 번 먹을 분량으로 나누어 냉동 보관하세요.
❹ 쌀미음 재료는 1주차에서 소개한 방법으로 냉동 쌀큐브로 만들어둡니다.

닭고기미음 4회분 재료 준비 ◀

❶ 닭고기는 분유나 모유에 5분간 담가둡니다. ❷ 끓는 물에 익혀 건진 후 절구로 찧습니다.
❸ 네 번 먹을 분량으로 나누어 냉동 보관하세요.

1회분 만들기 ◀

❶ 나누어 냉동해둔 1회 분량의 냉동 쌀큐브 완전히 해동합니다. ❷ 이유식용 냄비에 ①과 물 1컵을 부으세요.
❸ 5분 정도 중간 불에서 저어가며 끓이세요. ❹ 나누어둔 1회 분량의 고구마와 브로콜리를 넣고 2분 정도
더 끓입니다(닭고기미음도 같은 방법으로 만들어요). ❺ 어느 정도 식고 난 후, 체에 거르면 완성입니다.
*냉동 쌀큐브를 해동하는 방법은 사용 전날 냉장실로 옮겨놓거나, 용기에 담아 물에 담가놓으면 됩니다.

──── 초 기 이 유 식 ────

9 week

사과미음, 배미음

설렘을 가지고 시작한 것이 엊그제 같은데 벌써 초기 이유식의 마지막인 사과와 배
이유식을 만들게 되었습니다. 어머님들, 우리 아기들이 양을 다 채우지 않는다고 해서,
뱉어버린다고 해서 실망하기엔 아직 많~이 이르답니다. 숟가락에 적응한다는 것
자체가 우리 아기들에게는 참 힘겨운 일일 테니까요. 사람의 입맛은 선천적으로 짠맛,
단맛을 좋아한다고 합니다. 그 외의 맛은 엄마 뱃속에서 탯줄을 통해 먹어본 맛과
이유식으로 먹어본 맛에 의해 결정된다고 하는데요, 그 때문에 이유식의 중요성이 더욱
부각되고 있지요. 초기 이유식의 마지막에 사과와 배를 이용한 미음을 만드는 이유도
그 때문입니다. 사과미음을 먹고 난 후에 청경채미음을 먹이려 했다면 분명 아기는
심하게 도리질을 하지 않았을까요? 앞서 쓴맛을 다 보고 온 아기에게 선물하듯
사과미음을 조심스레 건네보세요.

재료 한 번에
준비하고 쉽게 만들기

9주차 재료(8회분)
- ☐ 냉동 쌀큐브 : 쌀 8T(120g), 물 ½컵
- ☐ 사과(중간 크기) ½개(40g, 4회분)
- ☐ 배(중간 크기) ½개(40g, 4회분)
- ☐ 물 8컵

재료 일주일치 한 번에 준비하기

❶ 사과와 배를 깨끗이 씻어 준비하세요.
❷ 껍질을 벗겨 강판에 가세요(강판이 없다면 숟가락으로 긁어도 됩니다).
❸ 각각 4회 분량으로 나누어 냉동 보관하세요.
❹ 쌀미음 재료는 1주차에서 소개한 방법으로 냉동 쌀큐브로 만들어둡니다.

1회분 만들기

❶ 나누어 냉동해둔 1회 분량의 냉동 쌀큐브를 완전히 해동합니다.
❷ 이유식용 냄비에 ①과 물 1컵을 부으세요.
❸ 5분 정도 중간 불에서 저어가며 끓이세요.
❹ 나누어둔 1회 분량의 사과를 넣고 2분 정도 더 끓입니다
   (배미음도 같은 방법으로 만들어요).
❺ 어느 정도 식고 난 후, 체에 거르면 완성입니다.
*냉동 쌀큐브를 해동하는 방법은 사용 전날 냉장실로 옮겨놓거나, 용기에 담아 물에 담가놓으면 됩니다.

3 PART

중기 이유식

(7~8개월 아기)

● 1WEEK~6WEEK
♥ 중기 아기 간식

이유식 : 1일 2회
간식 : 1일 1회

중기 이유식 시기의 표준 섭취량
1회 수유량 : 240ml
┌ 이유식 양 : 80~120ml
└ 이유식과 함께 먹이는 수유량
  : 100~160ml

수유
PM 10:00

AM 12:00

이유식 + 수유
PM 6:00

아기가
먹는 시간

수유
AM 6:00

수유
PM 2:00

PM 12:00

간식
PM 12:00

이유식 + 수유
AM 10:00

중기 이유식

● 하루 2회(10시, 18시) 먹이는 연두부 정도 묽기의 이유식이에요.

● 이 시기 아기는 젖니가 나면서 씹고 싶은 욕구가 생깁니다. 그렇다고 아직은 아기가 씹지는 못하기 때문에 으깨 주거나, 으깨기 쉬운 음식을 씹어 먹게 하는 것이 중요합니다.

● 발육에 중요한 닭고기, 쇠고기, 생선 등 단백질이 풍부한 재료는 매 끼에 첨가하되 고기를 넣을 때에는 양파를 넣어 거부감을 줄이세요.

● 핑거 푸드를 주어 스스로 먹는 즐거움을 느끼게 하면 숟가락 사용에 도움이 된답니다.

● 전기 찜기나 전기 압력밥솥을 사용하여 한 번에 두 종류의 이유식을 만들어요(아기에게 매 끼 다른 이유식을 맛보게 해 다양한 식재료를 경험해보도록 합니다).

● 이 시기는 아직 분유나 모유가 주가 되는 시기입니다. 이유식은 '적응한다'는 개념으로 먹이세요. 한 번에 먹는 이유식 양은 80~120ml 정도지만, 적정량을 다 먹지 않더라도 분유나 모유를 잘 먹고 있다면 이유식은 맛을 보여주는 것만으로 안심하셔도 됩니다.

중기 이유식 진행 방법

❶ **단백질**　쇠고기(안심, 등심, 우둔살 등), 흰살 생선(가자미, 대구, 조기 등) 닭고기(안심, 가슴살), 달걀노른자, 두부, 콩 등

❷ **비타민 식품**　채소류(시금치, 당근, 양파, 완두, 오이, 호박, 양배추, 배추, 무, 가지 등) 과일류(사과, 배, 자두, 바나나, 수박 등), 버섯 등

❸ **탄수화물**　쌀, 보리, 밀, 감자, 고구마, 옥수수, 팥 등

❹ **철분, 칼슘**　분유, 간, 멸치, 새우, 우렁이, 뱅어포, 김, 미역 등

❺ **지방**　식용유, 올리브유 등

적정량 : 쌀(20g 전후), 채소(20~30g), 육류(15g), 과일(50g 전후), 달걀 ½개

표기 : 중기 이유식 재료의 양을 표기할 때, 1T는 아빠 숟가락 한 스푼 가득 정도의 양을 뜻합니다. 간략한 표기를 위하여 쓴 기호이니 참고하세요.

초간단 이유식의 비결과 해동 방법

중기 이유식부터는 재료의 종류와 양이 많아집니다. 하루에 두 끼, 그것도 다른 종류로 매일 이유식을 만들면 아기 뒤치다꺼리하며 다른 식구들의 밥도 챙겨야 하는 엄마는 너무 힘들지요. 저도 예외는 아니었기에 중기 이유식을 시작하기 전, 밤잠을 설치며 고민하다가 이유식 마스터의 원리를 응용하여 여러 가지 방법을 찾게 되었습니다. **바로 전기 찜기와 전기 압력밥솥을 이용해 두 종류의 이유식 6~8회분을 한 번에 만드는 방법입니다. 미리 만든 이유식은 유리로 된 밀폐 용기에 담아 냉동 보관합니다. 아기에게 먹일 때는 하루 전날 냉장실로 옮겨놓아 해동한 후 먹이기 전 중탕으로 데워 알맞은 온도로 먹이세요.** 급히 해동시킬 때는 전자레인지를 이용해서 700W 기준으로 냉장한 것은 1분 30초, 냉동한 것은 2분 정도 돌린 다음 생수 ½컵 정도를 부어 섞어 5분 정도 두면 먹기 좋은 상태가 돼요. 잘 식혀 먹이면 됩니다.

전기 찜기 이유식의 특징

❶ 쌀 또는 밥을 이용해서 불 앞에 서 있지 않고 만들어요 해놓은 밥이 있는 경우에는 일부러 쌀을 갈지 않아도 됩니다. 물론 그렇지 않을 때는 쌀을 갈아서 넣으면 좋고요. 또 타이머가 있기 때문에 찜기에 올려두는 것과 동시에 이유식 만들기는 끝났다고 보면 됩니다.

❷ 영양소와 식감이 살아 있는 이유식을 만들 수 있어요 압력을 이용한 찜이 아니기 때문에 영양소 파괴를 줄일 수 있고, 재료가 뭉개지지 않아 여러 채소의 질감을 경험해야 하는 이유식 시기에 적합합니다.

❸ 여러 가지 이유식을 동시에 만들더라도 서로 섞이지 않아요 이유식의 종류별로 재료를 각각 따로 찌기 때문에 재료 고유의 맛과 색을 경험하게 할 수 있답니다. 또 달걀을 쪄서 넣는 경우 따로 삶지 않아도 돼서 아주 편리합니다.

❹ 시끄럽지 않아요 예민한 아기의 경우, 아기가 자는 시간에 이유식을 만들면 압력밥솥이나 냄비 이유식의 소리가 요란해서 잠을 깨기 일쑤죠. 저의 경우에는 이 문제가 정말 큰 스트레스였는데 찜기 이유식을 하면서 말끔히 해결되었답니다.

❺ 전기 찜기를 사야 한다는 점이 부담이 될 수도 있겠어요 이유식 마스터에 비하면 저가이긴 하지만, 혹시 이유식 조리 기구를 풀 세트로 장만한 엄마에게는 하나를 더 장만해야 한다는 점이 부담이 될 수도 있겠네요.

전기 압력밥솥 이유식의 특징

❶ 사용하던 밥솥을 그대로 사용할 수 있어요 새로운 도구를 장만할 필요가 없어서 경제적입니다.

❷ 아주 손쉽습니다 밥하는 것과 똑같은 과정으로 만들기 때문에 아주 익숙하지요.

❸ 불 앞에 서 있지 않아도 됩니다 찜기 이유식과 마찬가지로 불 앞에서 일일이 손으로 저어 만드는 것은 이제 그만해도 됩니다. 시간과 노력을 덜어준다는 그 자체가 가장 큰 장점이 되겠지요.

❹ 압력에 의한 약간의 단점이 있습니다 압력 때문에 채소가 너무 물러져서 아기가 충분히 느껴야 하는 식감을 살리기가 어렵고, 채소의 색깔이 예쁘지 않다는 점은 고려해야 합니다.

❺ 세척할 때 꼼꼼하게 닦아야 합니다 충분히 큰 용량이 아니라면(8인용 이상) 후기에 들어서 세 가지 종류를 3끼씩 만드는 것은 무리가 있을 수 있습니다. 물이 많이 들어가므로 추가 돌아가는 과정에서 물이 샐 수도 있고, 그 과정에서 밥솥 뚜껑에 이물질이 들어가서 세척에 신경 써야 합니다.

❻ 고기류는 한 번에 한 종류만 조리하는 것이 좋아요 쇠고기와 닭고기 이유식을 함께 만들면 고기가 익으면서 서로 육수의 맛이 섞이게 되는 경우가 있어요. 이때는 각각 조리하는 것이 좋아요.

중기 이유식 식단표

	← 월·화·수 →		← 목·금·토·일 →	
1주	아침 완두감자비타민죽	저녁 쇠고기양배추감자죽	아침 고구마양배추죽	저녁 닭고기고구마비타민죽
2주	아침 연두부검은콩죽	저녁 쇠고기완두죽	아침 완두당근죽	저녁 닭고기브로콜리당근죽
3주	아침 검은콩양파죽	저녁 쇠고기청경채감자죽	아침 오이감자죽	저녁 닭고기청경채연두부죽
4주	아침 애호박양파미역죽	저녁 닭고기검은콩달걀죽	아침 달걀애호박완두죽	저녁 쇠고기미역죽
5주	아침 단호박버섯완두죽	저녁 닭고기시금치단호박죽	아침 시금치달걀완두죽	저녁 쇠고기단호박양배추죽
6주	아침 옥수수검은콩양파죽	저녁 닭고기연근비타민죽	아침 배연근죽	저녁 쇠고기옥수수비타민죽

mom's letter

이유식을 하는
나의 냉장고 속 비밀 병기

잘나가는 식당에서는 흔한 표현으로 '며느리도 모르는 마법의 소스'라는 그 식당만의 비법이 있게 마련입니다. 하지만 이유식에는 해당 사항이 없는 것이 아기가 먹을 수 있는 음식 재료가 한정되어 있기 때문이지요. 여느 식당 소스처럼 게의 껍데기를 갈아서 넣는다거나, 디포리와 가다랑어 육수를 낸다거나 하는 감칠맛은 아기에게는 아직 무리인 맛이지요. 감히 말씀드리지만 아기 이유식에 마법 같은 소스는 따로 없습니다. 그저 할 수 있는 것이라야 쇠고기 육수나 닭고기 육수 또는 다시마 육수, 멸칫가루, 새우가루 또는 직접 만든 마요네즈, 토마토소스, 맛간장 정도지요(만드는 방법은 완료기 이유식편에 있습니다). 건강한 입맛을 길들이기 위해 강하지 않으면서 감칠맛을 내기 위해서는 어쩔 수 없는 일입니다. **대신 누가 제 이유식의 비밀 병기가 무엇이냐고 물어본다면 전 '언제든 손쉽게 만들 수 있는 재료 준비'라고 말하고 싶습니다.**

파를 한 단 사오면 집에 와서 장바구니를 풀자마자 절반은 아기 이유식을 만들 수 있도록 잘게 다져놓고, 또 절반은 어른 음식을 해 먹을 수 있도록 어슷 썰어서 정리를 해둡니다. 그리고 최대한 식재료는 빨리 쓰려고 노력하고요. '아기에게 뭘 해 먹이나~' 생각하면서 냉장고 문을 열었을 때, 여러 가지 재료들이 눈앞에 있으면 이것저것 정말 만들 맛이 납니다. 때로는 이런 재료의 조합으로, 때로는 저런 재료들의 궁합을 생각하며 응용해 만들다 보면 아기에게 먹이는 것이 신이 날 때가 많지요.

이유식은 정도(正道)만이 답입니다. 신선한 재료와 그 재료들의 궁합 그리고 엄마의 정성만 있으면 우리 아기의 입맛은 자연스럽게 건강한 방향으로 길들여지게 마련입니다.

윤선생의
이유식 처방 공식

Q 아가야… 왜! 도대체 왜! 이유식을 먹지 않는 거니?
A 아직, 배가 고프지 않은 겁니다.

너무나 당연해 보이지만 아무 생각 없이 무시해버리는 사실이 있지요. **아기는 배가 고프지 않으니 안 먹는 겁니다.** 엄마 생각에는 식사 시간이 되었고, 이전 식사 때 적게 먹었기 때문에 지금 이 시간에 많이 먹어야 할 것 같습니다. 하지만 아기는 아까 먹은 것이 소화가 덜 되어 먹고 싶은 생각이 전혀 나지 않습니다. 엄마는 너무 부지런해서 아기가 미처 배가 고프기 전에 이유식을 먹이려 하고 아기는 속도 더부룩한데 자꾸 들이미니 싫은 거지요.

'싫다는데 자꾸 들이대는 숟가락. 저리 가~.'

사실, 어른도 배가 고프지 않으면 음식을 봐도 별로 먹고 싶은 생각이 들지 않잖아요. 아기도 마찬가지이지요.

A 아기가 아플 수 있어요.

가장 흔한 원인은 빈혈. 모유에는 철분이 거의 없기 때문에 이유식을 제대로 먹지 않으면 빈혈이 생기고 빈혈이 생기면 잘 먹지 않게 됩니다. 일종의 악순환이지요. **엄마가 보기에 정말 아무런 이유가 없는데 이상하게 이유식을 지속적으로 거부하는 것 같다면 일단 병원을 먼저 찾으세요.**

완두감자비타민죽

쇠고기양배추감자죽

1 week
중기 이유식 첫째 주

고구마양배추죽

닭고기고구마비타민죽

1주차 재료
한 번에 준비하기

1주차 재료
- ☐ 쌀 3컵(종이컵) 또는 밥 2공기(어른용)
- ☐ 쇠고기 45g
- ☐ 닭고기 60g
- ☐ 완두콩 2줌
- ☐ 양배추(손바닥 크기) 3장
- ☐ 비타민(잎 부분) 18장
- ☐ 고구마(한 뼘 길이) 1개
- ☐ 감자(야구공 크기) 1개
- ☐ 양파(야구공 크기) ½개

쌀 3컵(종이컵) 또는 밥 2공기(어른용)

한 끼 양 : 밥 2T 또는 쌀 1T
쌀은 불려서 믹서에 3~4초간 갈아
주세요.

완두콩 3T

하룻밤 불린 후 삶아 껍질을 벗긴
후 사방 0.3cm로 다져 1T(약 10g)씩
소분하여 냉동 보관해요.

양배추 7T, 비타민 6T
양파 2T

사방 0.3cm 크기로 다진 후 1T
(약 10g)씩 소분하여 냉동 보관해요.

고구마 12T
감자 5T

사방 0.3cm 크기로 다진 후 1T
(약 15g)씩 소분하여 냉동 보관해요.

쇠고기 3T

사방 0.3cm 크기로 다진 후
찬물에 담가 핏물을 뺀 후 1T
(약 15g)씩 소분하여 냉동 보관해요.

닭고기 4T

우유나 분유 물에 담가 냄새를
제거한 후 1T(약 15g)씩 소분하여
냉동 보관해요.

1주차 이유식 공식

아침

완두감자비타민죽

=

흰죽
밥 6T(또는 쌀 갈아서 3T)
+ 물 15T

+

(찐) 채소 1
감자 3T + 완두콩 3T
+ 비타민 3T

저녁

쇠고기양배추감자죽

=

흰죽
밥 6T(또는 쌀 갈아서 3T)
+ 물 15T

+

(찐) 채소 2
양배추 3T + 감자 2T
+ 양파 1T

+

(찐) 쇠고기
쇠고기 3T + 물 3T

아침

고구마양배추죽

=

흰죽
밥 8T(또는 쌀 갈아서 4T)
+ 물 20T

+

(찐) 채소 1
고구마 8T + 양배추 4T

저녁

닭고기고구마비타민죽

=

흰죽
밥 8T(또는 쌀 갈아서 4T)
+ 물 20T

+

(찐) 채소 2
고구마 4T + 비타민 3T
+ 양파 1T

+

(찐) 닭고기
닭고기 4T + 물 4T

전기
찜기

월·화·수 | 아침+저녁 한 번에 만들기(6회분)
완두감자비타민죽 + 쇠고기양배추감자죽

1

찜기 1단에 흰죽 재료를 넣으세요
(각 그릇 : 밥 6T, 생수 15T).

쇠고기+생수

채소 2

채소 1

2

찜기 2단을 얹고 죽에 들어갈
재료를 종류별로 얹으세요.

3

찜기 뚜껑을 덮고 타이머로
20분을 설정합니다.

4

20분 후 1단의 밥을 매셔로 충분히
으깨어 아기가 먹기 좋은 죽으로
만듭니다.

5

흰죽(1단)과 재료(2단)를 각 종류별로
섞으세요. 쇠고기와 같이 넣은 생수
(찌고 난 후 육수)도 섞어요.

6

완성된 각각의 이유식을 3회분씩
나누어 냉동하면 3일치 아침, 저녁
6회분 이유식이 완성됩니다.

knowhow 찜기에 밥 대신 쌀을 넣는 경우는 쌀을 갈아서 물과 함께 1단에서 먼저 10분을 찝니다. 그 후에 2단에 재료를 얹은 후, 20분을 더 찌면 완성됩니다. 막 중기를 시작한 경우에는 고기를 찐 후에 좀 더 잘게 다져서 넣고, 점점 입자를 키워가는 것이 좋습니다.

전기
찜기

목·금·토·일 | 아침+저녁 한 번에 만들기(8회분)
고구마양배추죽 + 닭고기고구마비타민죽

1

찜기 1단에 흰죽 재료를 넣으세요
(각 그릇 : 밥 8T, 생수 20T).

닭고기+생수

채소 2

채소 1

2

찜기 2단을 얹고 죽에 들어갈
재료를 종류별로 얹으세요.

3

찜기 뚜껑을 덮고 타이머로
20분을 설정합니다.

4

20분 후 1단의 밥을 매셔로 으깨어
아기가 먹기 좋은 죽으로 만듭니다.
2단의 닭고기는 절구에 잘게 찧어요.

5

흰죽(1단)과 재료(2단)를 각 종류별로
섞으세요. 닭고기와 같이 넣은 생수
(찌고 난 후 육수)도 섞어요.

6

완성된 각각의 이유식을 4회분씩
나누어 냉동하면 4일치 아침,
저녁 8회분 이유식이 완성됩니다.

knowhow

완성되어 밀폐용기에 담은 이유식은 냉동보관하면 됩니다. 아기에게 먹일 때는 76쪽에 소개한 해동 방법을 참고하세요.

월·화·수 | 아침+저녁 한 번에 만들기(6회분)
완두감자비타민죽 + 쇠고기양배추감자죽

1

쌀을 1시간가량 불리세요
(6회분 : 약 12T).

2

불린 쌀을 믹서에 갈아요
(쌀알 ½ 크기 : 믹서로 약 3초).

3

밥솥에 쌀을 넣어요.

4

쌀 위에 양쪽으로 나누어
이유식별로 재료를 모아 올립니다.

5

쌀(불리기 전)의 5~6배 양으로
물을 부은 후 찜이나 죽 모드로
작동합니다.

6

완성된 각각의 이유식을 3회분씩
나누어 냉동하면 3일치 아침, 저녁
6회분 이유식이 완성됩니다.

knowhow

❷에서 쌀을 갈 때 물을 어느 정도 넣어서 갈았다면,
❺의 밥물은 앞서 넣은 물의 양을 고려하여 그 나머지를 넣어야 합니다.
❹에서 물을 붓고 나면 재료가 둥둥 떠다니면서 섞이게 되죠. 깔끔한 이유식을 만들고 싶으신 분들은
스테인리스 재질의 도시락 칸막이를 이용하여 재료를 분리해놓으면 어느 정도 깔끔하게 두 종류로 나누어 만들 수 있습니다.

목·금·토·일 | 아침+저녁 한 번에 만들기(8회분)
고구마양배추죽 + 닭고기고구마비타민죽

1

쌀을 1시간가량 불리세요
(8끼분 : 약 16T).

2

불린 쌀을 믹서에 갈아요
(쌀알 ½ 크기 : 믹서로 약 3초).

3

밥솥에 쌀을 넣어요.

4

쌀 위에 양쪽으로 나누어
이유식별로 재료를 모아 올립니다.

5

쌀(불리기 전)의 5~6배 양으로
물을 부은 후 찜이나 죽 모드로
작동합니다.

6

완성된 각각의 이유식을 4회분씩
나누어 냉동하면 4일치 아침, 저녁
8회분 이유식이 완성됩니다.

Q 아가야… 왜! 도대체 왜! 이유식을 먹지 않는 거니?
A 속도가 너무 빠르거나 느려요.

제가 아는 H군은 이유식을 정말 잘 먹는 아기입니다. 처음 시작부터 잘 먹는다고 엄마가 자랑을 했거든요. 하지만 어느 순간부터 너무 안 먹는다고 고민을 하는 모습을 보았는데요. 전문가에게 문의해본 결과, 이유식을 너무 잘 먹는다고 신이 난 엄마가 **무리하게 빨리빨리 이유식을 진행한 것이 원인**이라는 이야기를 들었다고 합니다. 초기 이유식을 한 달, 중기 이유식을 거의 보름 만에 스피디하게 끝냈다고 뿌듯해한 것이 원인이라는 말을 듣고 나서 참으로 허탈해 보이긴 했습니다. 하지만 얼마 후, 천천히 다시 중기로 돌아갔고 아기는 이전처럼 잘 먹게 되었다는 이야기를 들었지요. 뭘 먹여도, 어떻게 만들어 먹여도 먹지 않는 아기가 있다면 반드시 입자를 줄이거나 묽게 하여 먹여보는 것이 좋습니다.

또 반대의 경우도 보았습니다. K양은 할머니가 키우는 아기인데요, 어느 순간부터 이유식을 먹지 않는 모습에 걱정이 되어 병원에 달려간 엄마와 할머니는 의사 선생님으로부터 이유식을 잘못 먹였다는 말을 들었답니다. 할머니는 자신처럼 소화가 잘 안 되는 것을 염려해 **묽은 죽을 너무 오랫동안 먹이고 계셨던 거지요.** 중기 이유식으로 넘어가자 언제 그랬냐는 듯 잘 먹는 아기의 모습은 자신 때문이라고 자책하는 할머니에게 큰 위안이 되었다고 합니다. 이유식을 너무 묽게 해서 계속 먹이면, 이유식에 영양분이 거의 없기 때문에 아기는 배가 고파서 분유로 배를 채우려는 행동을 취하게 됩니다. 분유로 배를 채우면 이유식을 먹지 않게 되고 결국 이것이 악순환이 된다고 볼 수 있지요. 이런 경우에는 분유 양을 일단 먼저 줄여야 해요. 반대로 해서 이유식을 늘리고 난 다음 분유 양을 줄이는 것은 불가능합니다. 분유 양을 먼저 줄여야 배가 고파 이유식을 먹게 되는 거지요.

아기가 10개월이 지나서도 덩어리를 먹지 않는다면 이유식에 실패할 확률이 높다고 합니다. 이유식의 진행이 너무 느려도 실패한다는 뜻이지요. 아이가 정상으로 자라고 있는데 이유식을 먹지 않는다는 것은 뭔가 다른 것으로 영양을 보충하고 있음을 뜻합니다. 전체 섭취량에서 **초기 이유식의 비율은 22%, 중기는 46%, 후기는 65% 이상이 되어야 합니다.**

풀이맘에 좋아요

연두부검은콩죽

쇠고기완두죽

2 week

중기 이유식 둘째 주

완두당근죽

닭고기브로콜리당근죽

감기에 좋아요

2주차 재료
한 번에 준비하기

2주차 재료
☐ 쌀 3컵(종이컵) 또는 밥 2공기(어른용)
☐ 쇠고기 45g
☐ 닭고기 60g
☐ 완두콩 8줌
☐ 검은콩 4줌
☐ 연두부 ⅛개
☐ 당근(한 뼘 길이) ½개
☐ 브로콜리(야구공 크기) 잎 부분 ½개
☐ 양파(야구공 크기) ¼개

쌀 3컵(종이컵) 또는
밥 2공기(어른용)

한 끼 양 : 밥 2T 또는 쌀 1T
쌀은 불려서 믹서에 3~4초간
갈아주세요.

완두콩 13T
검은콩 6T

하룻밤 불린 후 삶아 껍질을 벗긴
후 사방 0.3cm로 다진 후 1T(약 10g)
씩 소분하여 냉동 보관해요.

당근 7T
브로콜리 4T, 양파 2T

사방 0.3cm 크기로 다진 후
1T(약 10g)씩 나누어 냉동 보관해요.

연두부 3T

냉장 보관하세요.

쇠고기 3T

사방 0.3cm 크기로 다진 후
찬물에 담가 핏물을 뺀 후 1T
(약 15g)씩 소분하여 냉동 보관해요.

닭고기 4T

우유나 분유 물에 담가 냄새를
제거한 후 1T(약 15g)씩 소분하여
냉동 보관해요.

2주차 이유식 공식

★전기 찜기와 전기 밥솥 사용법은 1주차 과정과 동일합니다.

월 · 화 · 수(6회분)

아침

연두부검은콩죽

=

흰죽
밥 6T(또는 쌀 갈아서 3T)
+ 물 15T

+

(찐) 채소 1
검은콩 6T + 연두부 3T

저녁

쇠고기완두죽

=

흰죽
밥 6T(또는 쌀 갈아서 3T)
+ 물 15T

+

(찐) 채소 2
완두콩 5T + 양파 1T

+

(찐) 쇠고기
쇠고기 3T + 물 3T

목 · 금 · 토 · 일(8회분)

아침

완두당근죽

=

흰죽
밥 8T(또는 쌀 갈아서 4T)
+ 물 20T

+

(찐) 채소 1
완두콩 8T + 당근 4T

저녁

닭고기브로콜리당근죽

=

흰죽
밥 8T(또는 쌀 갈아서 4T)
+ 물 20T

+

(찐) 채소 2
브로콜리 4T + 당근 3T
+ 양파 1T

+

(찐) 닭고기
닭고기 4T + 물 4T

윤선생의
이유식 처방 공식

Q 아가야… 왜! 도대체 왜! 이유식을 먹지 않는 거니?
A 수면 교육이 제대로 이루어지지 않았네요

이유식을 시작할 때 즈음(분유 먹는 아기는 4개월, 모유 먹는 아기는 6개월경)이면 수면 습관이 제대로 이루어져 있어야 할 시기입니다. 제대로 된 수면 습관이라 함은, 충분히 먹은 후에 수면 의식*을 치르고 등을 대고 자는 습관이 들어 있는 것을 말하는데요, 아기의 하루 패턴은 수면, 이유식, 배변이 모두 맞물려 있기 때문에 수면 교육이 제대로 이루어지지 않은 경우에는 이유식에도 실패할 확률이 높습니다. 다시 말해 아기는 등을 대고 숙면을 취하는 습관이 들어 있어야 밤새 먹지 않고 잘 수 있다는 말이지요. 젖을 물고 자려 하고 밤중에 계속 먹는 아기는 밤중에 먹은 모유의 양으로 인해 배가 불러서 이유식을 먹지 않으려는 성향을 보이게 됩니다. 안 먹는 아기를 채근하기 전에 우리 아기의 생활 습관을 점검하세요.

아기를 키워보신 분들이라면 아시겠지만, 아기에게 새로운 생활 습관에 익숙해지게 하는 데는 짧게는 2일, 길어봐야 일주일 정도의 기간밖에 걸리지 않습니다. 아기는 그만큼 똑똑하기도 하고, 적응을 잘하거든요. 이틀 정도만 밤에 아기를 울린다고 생각하세요. 그러면 엄마가 이유식 앞에서 우는 일이 줄어들 겁니다. 밤중 수유를 끊는 것은 엄마와 아기 둘 다를 위한 일입니다.

＊수면 의식이란?
잠자기 전, 아기에게 잠잘 시간이라는 것을 알려주는 행동으로, 규칙적인 행위를 정해서 꾸준히 하는 것을 말합니다.
① 목욕 : 따뜻한 물로 목욕을 하거나 또는 따뜻한 물수건으로 닦아주세요.
② 마사지 : 오일이나 로션을 바르면서 따뜻한 말투로 이야기하며 스킨십을 합니다.
③ 잠옷 : 잠옷으로 갈아입힙니다.
④ 밤 인사 : 조명을 낮추거나 끈 뒤 "잘 시간이야"라고 이야기하며 안아주세요.
⑤ 재우기 의식 : 자장가를 불러주거나 기도, 책읽기 등 일정한 의식을 하면서 눕힙니다.

검은콩양파죽

쇠고기청경채감자죽

3
week
중기 이유식 셋째 주

오이감자죽

닭고기청경채연두부죽

3주차 재료
한 번에 준비하기

3주차 재료
- ☐ 쌀 3컵(종이컵) 또는 밥 2공기(어른용)
- ☐ 쇠고기 45g
- ☐ 닭고기 60g
- ☐ 검은콩 4줌
- ☐ 청경채(잎 부분) 18장
- ☐ 오이(한 뼘 길이) 1½개
- ☐ 연두부 ⅛개
- ☐ 감자(야구공 크기) 1개
- ☐ 양파(야구공 크기) 1개

쌀 **3**컵(종이컵) 또는
밥 **2**공기(어른용)

한 끼 양 : 밥 2T
또는 쌀 1T
쌀은 불려서 믹서에
3~4초간 갈아주세요.

청경채 **6T**

사방 0.3cm 크기로
다진 후 1T(약 10g)씩 소분
하여 냉동 보관해요.

감자 **6T**
오이 **8T**

사방 0.3cm 크기로
다진 후 1T(약 15g)씩
소분하여 냉동 보관해요.

검은콩 **6T**

하룻밤 불려서 삶은 후
껍질을 벗겨 사방 0.3cm로
다진 후 1T(약 10g)씩
소분하여 냉동 보관해요.

연두부 **4T**

냉장 보관하세요.

양파 **5T**

사방 0.3cm 크기로 다진
후 1T(약 10g)씩 소분하여
냉동 보관해요.

쇠고기 **3T**

사방 0.3cm 크기로 다진
후 찬물에 담가 핏물을
빼고 1T(약 15g)씩
소분하여 냉동 보관해요.

닭고기 **4T**

우유나 분유 물에 담가
냄새를 제거한 후
1T(약 15g)씩 소분하여
냉동 보관해요.

3주차 이유식 공식

★전기 찜기와 전기 밥솥 사용법은 1주차 과정과 동일합니다.

월 · 화 · 수(6회분)

아침

검은콩양파죽 =

 **+**

흰죽
밥 6T(또는 쌀 갈아서 3T)
+ 물 15T

(찐) 채소 1
검은콩 6T + 양파 3T

저녁

쇠고기청경채감자죽 =

 **+**

흰죽
밥 6T(또는 쌀 갈아서 3T)
+ 물 15T

 **+**

(찐) 채소 2
청경채 3T + 감자 2T
+ 양파 1T

(찐) 쇠고기
쇠고기 3T + 물 3T

목 · 금 · 토 · 일(8회분)

아침

오이감자죽 =

 **+**

흰죽
밥 8T(또는 쌀 갈아서 4T)
+ 물 20T

(찐) 채소 1
오이 8T + 감자 4T

저녁

닭고기청경채연두부죽 =

 **+**

흰죽
밥 8T(또는 쌀 갈아서 4T)
+ 물 20T

 **+**

(찐) 채소 2
청경채 3T + 연두부 4T
+ 양파 1T

(찐) 닭고기
닭고기 4T + 물 4T

윤선생의
이유식 처방 공식

Q 아가야… 왜! 도대체 왜! 이유식을 먹지 않는 거니?
A 즐거운 식사 시간을 만들어주세요

식사 시간은 즐거워야 합니다. 식탁 앞에서 누군가의 잔소리를 들어본 적이 있으신가요? 그럴 때면 뭘 먹고 있는지, 무슨 맛인지 알 수가 없고, 빨리 이 식사가 끝났으면 좋겠다는 생각만 하게 되는 것이 사실입니다. 아기도 마찬가지겠지요.

중기, 후기 즈음 이유식을 먹지 않으려고 할 때 효과적으로 쓸 수 있는 방법은? 제 경험을 떠올려보자면 숟가락으로 비행기 놀이를 하며 먹일 때 아주 효과가 좋았습니다. 숟가락 로켓 발사 놀이를 하는 것도 좋고요. "냠냠 짭짭" 노래도 불러주고, 다른 그릇에 이유식을 조금 떠서 엄마도 함께 요란스럽고 맛있게 같이 먹는 것 역시 좋은 방법입니다.
물론 먹지 않는 아기에게 마냥 웃으면서 이야기하는 것이 쉽지만은 않을 겁니다. 비행기 놀이도 통하지 않고, 웃으면서 노래하는 엄마에게 소리 지르며 숟가락을 던져버릴 땐 정말이지 "야!!" 소리가 절로 나오지요. 저 또한 실제로 그런 적도 많고요.
옆집 아기가 싹싹 한 그릇 비웠다는 이유식의 비법을 배워와서 열심히 만든 이유식. 맛을 볼 때도 정말 맛있어서 뿌듯해하며 주는데 가뜩이나 몸무게도 잘 늘지 않는 우리 아기는 냄새만 맡고 고개를 홱~ 돌려버릴 때…. 정말이지 이성을 잡고 있기 힘듭니다.
안 먹는 아기에게 이유식을 먹이는 것이 얼마나 큰 고역인지 누구보다도 잘 압니다. 참을 인 자 3개로는 부족하다는 것도 알고 있습니다. 하지만 이성을 잃기 직전이라면, 지금 눈앞에 있는 아기의 입장에서 한 번만 더 생각해보세요.

아기는 과연 누구를 위한 식사를 하고 있는 걸까요? 아기는 엄마를 골탕 먹이기 위해 안 먹는 게 아닙니다. 그럼에도 불구하고 엄마가 화를 낸다면 아기는 더.더.더 이유식이 싫어지지 않을까요?

애호박양파미역죽

닭고기검은콩달걀죽

4
week
중기 이유식 넷째 주

달걀애호박완두죽

쇠고기미역죽

4주차 재료
한 번에 준비하기

4주차 재료

☐ 쌀 3컵(종이컵) 또는 밥 2공기(어른용)
☐ 쇠고기 60g
☐ 닭고기 45g
☐ 애호박(한 뼘 길이) ½개
☐ 미역(건조 상태) 2줌
☐ 검은콩 2줌
☐ 완두콩 2줌
☐ 달걀 3개
☐ 양파(야구공 크기) 1개

쌀 3컵(종이컵) 또는 밥 2공기(어른용)

한 끼 양 : 밥 2T
또는 쌀 1T
쌀은 불려서 믹서에
3~4초간 갈아주세요.

애호박 7T

사방 0.3cm 크기로 다진
후 1T(약 10g)씩 소분하여
냉동 보관해요.

미역 8T

마른 상태로 믹서에
갈아서 보관합니다.
사용할 때는 찬물에
불리세요.

**완두콩 3T
검은콩 3T**

하룻밤 불려서 삶은 후
껍질을 벗겨 사방 0.3cm로
다진 후 1T(약 10g)씩
소분하여 냉동 보관해요.

달걀 3개

냉장 보관하세요.
*달걀은 찜기에 바로 넣어서
찐 후 노른자만 분리하여
죽에 추가하면 됩니다.

양파 7T

사방 0.3cm 크기로
다진 후 1T(약 10g)씩
소분하여 냉동 보관해요.

쇠고기 4T

사방 0.3cm 크기로 다진
후 찬물에 담가 핏물을
빼고, 1T(약 15g)씩
소분하여 냉동 보관해요.

닭고기 3T

우유나 분유 물에 담가
냄새를 제거합니다.
1T(약 15g)씩 소분하여
냉동 보관해요.

4주차 이유식 공식

★전기 찜기와 전기 밥솥 사용법은 1주차 과정과 동일합니다.

월 · 화 · 수(3회분)

아침

애호박양파미역죽

=

흰죽
밥 6T(또는 쌀 갈아서 3T)
+ 물 15T

+

(찐) 채소 1
애호박 3T + 양파 3T + 미역 3T

저녁

닭고기검은콩달걀죽

=

흰죽
밥 6T(또는 쌀 갈아서 3T)
+ 물 15T

+

(찐) 채소 2
검은콩 3T + 양파 2T

+

달걀노른자 1개

(찐) 닭고기
닭고기 3T + 물 3T

목 · 금 · 토 · 일(4회분)

아침

달걀애호박완두죽

=

흰죽
밥 8T(또는 쌀 갈아서 4T)
+ 물 20T

+

(찐) 채소 1
애호박 4T + 완두콩 3T

+

달걀노른자 2개

저녁

쇠고기미역죽

=

흰죽
밥 8T(또는 쌀 갈아서 4T)
+ 물 20T

+

(찐) 채소 2
미역 5T + 양파 2T

+

(찐) 쇠고기
쇠고기 4T + 물 4T

윤선생의
이유식 처방 공식

Q 아가야… 왜! 도대체 왜! 이유식을 먹지 않는 거니?
A 아기의 컨디션을 살펴보세요

아기는 젖을 빨아서 먹는 방법에만 익숙하게 태어났습니다. 숟가락이라는 낯선 도구와 꿀꺽 하고 넘겨야 한다는 유쾌하지 않은 일을 견뎌야 하는 것이 이유식입니다. 그런데 이런 고역스러운 일을 컨디션마저 좋지 않을 때 하라고 하는 건, 감기가 걸린 음치 남자 친구에게 명동성당 앞에서 지금 당장 프러포즈 노래를 불러달라는 상황과 비슷하지 않을까 하고 감히 생각해봅니다.

아기의 컨디션을 잘 살펴보세요. 손님이 오셨다거나 익숙하지 않은 장소에 데려간 상황이라든지, 몸이 좋지 않다든지, 잠이 부족하다든지 뭔가 이유가 있을지도 모릅니다. 어른에게는 별것 아니게 느껴지는 일일지라도 아기는 생각보다 예민하게 반응한답니다.

A 먹는 즐거움을 알게 해주세요

중기 이유식을 할 때는 무엇인가를 우물거려야 하고, 후기 이유식을 할 때는 무엇인가를 아작아작 씹어야 합니다. 이는 이유식을 접하는 아기에게는 어른처럼 밥을 먹기 위한 관문이자 아주 중요한 과제인 셈이죠.

중기 이유식에서 우물거리는 것이 힘든 아기라면 우물거리는 연습을 할 수 있는 고소하고 맛있는 엄마표 간식을 만들어 먹여보세요. 마찬가지로 후기 이유식 단계에 들어서 씹어 먹는 데 부담을 느끼는 아기라면, 첨가물이 없는 아기 과자나 제철 과일, 분유 쿠키 등 엄마표 간식으로 씹어 먹는 즐거움을 느끼게 해주세요. 물론 식사 시간 2시간 전부터는 주지 않아야 하고, 간식으로 배를 불리는 일도 없어야 하겠지요.

단호박버섯완두죽

닭고기시금치단호박죽

5
week
중기 이유식 다섯째 주

시금치달걀완두죽

쇠고기단호박양배추죽

5주차 재료
한 번에 준비하기

5주차 재료

☐ 쌀 3컵(종이컵) 또는 밥 2공기(어른용)
☐ 쇠고기 60g
☐ 닭고기 45g
☐ 단호박(야구공 크기) 1½개
☐ 양송이버섯(어른 숟가락 크기) 2개
☐ 양배추(손바닥 크기의 잎) 1장
☐ 시금치(잎 부분) 18장
☐ 완두콩 4줌
☐ 달걀 2개
☐ 양파(야구공 크기) ¼개

쌀 3컵(종이컵) 또는 밥 2공기(어른용)

한 끼 양 : 밥 2T
또는 쌀 1T
쌀은 불려서 믹서에
3~4초간 갈아주세요.

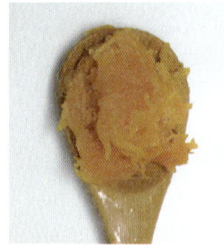

단호박 10T

찐 후에 과육을 파내어
으깬 후 1T(약 10g)씩
냉동 보관해요.

**버섯·양배추 3T씩
시금치 6T**

사방 0.3cm 크기로
다진 후 1T(약 15g)씩
소분하여 냉동 보관해요.

완두콩 7T

하룻밤 불려서 삶은 후
껍질을 벗겨 사방 0.3cm로
다진 후 1T(약 10g)씩
소분하여 냉동 보관해요.

달걀 2개

냉장 보관하세요.
*달걀은 찜기에 바로 넣어서
찐 후 노른자만 분리하여
죽에 추가하면 됩니다.

양파 2T

사방 0.3cm 크기로
다진 후 1T(약 15g)씩
소분하여 냉동 보관해요.

쇠고기 4T

사방 0.3cm 크기로 다진
후 찬물에 담가 핏물을
빼고 1T(약 15g)씩
소분하여 냉동 보관해요.

닭고기 3T

우유나 분유 물에 담가
냄새를 제거한 후
1T(약 15g)씩 소분하여
냉동 보관해요.

5주차 이유식 공식

★전기 찜기와 전기 밥솥 사용법은 1주차 과정과 동일합니다.

월 · 화 · 수(3회분)

아침

단호박버섯완두죽

=

흰죽
밥 6T(또는 쌀 갈아서 3T)
+ 물 15T

+

(찐) 채소 1
단호박 3T + 버섯 3T
+ 완두콩 3T

저녁

닭고기시금치단호박죽

=

흰죽
밥 6T(또는 쌀 갈아서 3T)
+ 물 15T

+

(찐) 채소 2
시금치 2T + 단호박 3T
+ 양파 1T

+

(찐) 닭고기
닭고기 3T + 물 3T

목 · 금 · 토 · 일(4회분)

아침

시금치달걀완두죽

=

흰죽
밥 8T(또는 쌀 갈아서 4T)
+ 물 20T

+

(찐) 채소 1
시금치 4T + 완두콩 4T

+

달걀노른자 2개

저녁

쇠고기단호박양배추죽

=

흰죽
밥 8T(또는 쌀 갈아서 4T)
+ 물 20T

+

(찐) 채소 2
단호박 4T + 양배추 3T
+ 양파 1T

+

(찐) 쇠고기
쇠고기 4T + 물 4T

윤선생의
이유식 처방 공식

Q 아가야… 왜! 도대체 왜! 이유식을 먹지 않는 거니?
A 아기의 음식 취향을 파악하세요

초기, 중기 이유식 때 다양한 재료로 만들어 먹이면서 아기의 반응을 살펴봤다면, 이유식이 슬슬 지겨워지려 하는 후기 이유식 때에는 아기의 음식 취향을 반영하여 이유식 식단을 짜야 합니다.

① **어떤 음식의 향을 싫어하는지 확인하세요.** 제 지인의 경우, 아기의 이유식 거부로 엄마가 애를 태우고 있었는데요, 알고 보니 엄마는 고기를 좋아하는 편이라 맛있게 해주려고 모든 이유식에 고기를 듬뿍듬뿍 넣었던 것이 원인이었다고 합니다. 아기가 고기 냄새를 싫어했던 것이지요. 고기 냄새를 싫어하는 아기에게는 양파를 같이 넣어주는 방법 등으로 최대한 고기의 냄새를 제거하고 만드세요. 또 어느 특정 재료를 싫어한다는 생각이 들면, 아기가 느끼지 못할 정도로 극소량을 넣다가 양을 점점 늘려야 합니다. 싫어한다고 해서 아예 주지 않으면 그 음식은 커서도 거부할 수 있습니다.

② **어떤 질감의 음식이 좋은지 확인하세요.** 묽은 음식을 싫어하는 아기는 레시피보다 물을 적게 넣어서 걸쭉하게 하세요. 특히 후기 이유식 때 진밥 형태의 이유식을 거부하는 아기들이 많은데, 밥알을 조금 덜 퍼지게 해서 어른 밥에 가까운 상태로 먹여보는 것도 좋고, 아니면 아예 죽에다 밀가루를 넣어서 전을 만들어주는 것도 괜찮은 방법입니다. 이렇게 주다가 어느 순간 안 먹는다고 하면 다시 예전 진밥으로 돌아오면 되고요.

③ **어떤 음식을 좋아하는지 확인하세요.** 초기, 중기를 거치면서는 아기가 좋아하는 재료를 파악하고, 후기부터는 메뉴마다 아기가 좋아하는 재료를 하나 이상씩 넣어주면 생소한 재료도 부담 없이 먹을 수 있습니다. 너무 심하게 거부한다면 참기름 한 방울, 멸치가루나 새우가루 한두 톨씩을 넣어서 먹여보세요. 원칙에서 심하게 어긋나지 않는 범위 내에서라면, 이유식을 거부하는 아기를 그저 바라만 보는 것보다는 잘 먹는 음식을 많이 먹게 하는 것이 성장하는 아기에게 더 필요한 일이 아닐까요. 물론 원칙은 중요하지만, 후기 이유식까지는 열심히 원칙 원칙 하다가 돌이 지나는 순간 시판 음식을 마구 먹이는 엄마들을 정말 많이 보았습니다. 이유식 기간을 15개월까지로 잡은 것은 이때까지가 아기의 소화기관이 성숙해지고 입맛을 바르게 길러주는 데 필요한 기간이기 때문입니다. 소금 한두 톨에 연연해하지 말고, 이유식 기간에 정성스러운 엄마표 이유식으로 잘 먹여서 아기가 건강한 입맛을 가지게 하는 데 목표를 두는 것이 바람직합니다.

옥수수검은콩양파죽

엄마에 좋아요

닭고기연근비타민죽

6
week
중기 이유식 여섯째 주

배연근죽

감기에 좋아요

쇠고기비타민옥수수죽

6주차 재료
한 번에 준비하기

6주차 재료
- ☐ 쌀 3컵(종이컵) 또는 밥 2공기(어른용)
- ☐ 쇠고기 60g
- ☐ 닭고기 45g
- ☐ 검은콩 2줌
- ☐ 옥수수 캔 ½통
- ☐ 비타민(잎 부분) 12장
- ☐ 연근(한 뼘 길이) ½개
- ☐ 배(야구공 크기) 1개
- ☐ 양파(야구공 크기) ⅔개

쌀 3컵(종이컵) 또는 밥 2공기(어른용)

한 끼 양 : 밥 2T
또는 쌀 1T
쌀은 불려서 믹서에
3~4초간 갈아주세요.

옥수수·연근·배 7T씩

사방 0.3cm 크기로 다진
후 1T(약 10g)씩 소분하여
냉동 보관해요.

비타민 5T

사방 0.3cm 크기로 다진
후 1T(약 15g)씩 소분하여
냉동 보관해요.

검은콩 3T

하룻밤 불려서 삶은 후
껍질을 벗겨 믹서에 간 후
1T(약 10g)씩 소분하여
냉동 보관해요.

양파 5T

사방 0.3cm 크기로 다진
후 1T(약 15g)씩 소분하여
냉동 보관해요.

쇠고기 4T

사방 0.3cm 크기로 다진
후 찬물에 담가 핏물을
빼고 1T(약 15g)씩
소분하여 냉동 보관해요.

닭고기 3T

우유나 분유 물에 담가
냄새를 제거한 후
1T(약 15g)씩 소분하여
냉동 보관해요.

6주차 이유식 공식

★전기 찜기와 전기 밥솥 사용법은 1주차 과정과 동일합니다.

월·화·수(3회분)

아침

 **옥수수검은콩양파죽**

=

흰죽
밥 6T(또는 쌀 갈아서 3T)
+ 물 15T

+

(찐) 채소 1
옥수수 3T + 검은콩 3T
+ 양파 3T

저녁

 **닭고기연근비타민죽**

=

흰죽
밥 6T(또는 쌀 갈아서 3T)
+ 물 15T

+

(찐) 채소 2
연근 3T + 비타민 2T
+ 양파 1T

+

(찐) 닭고기
닭고기 3T + 물 3T

목·금·토·일(4회분)

아침

 **배연근죽**

=

흰죽
밥 8T(또는 쌀 갈아서 4T)
+ 물 20T

+

(찐) 채소 1
연근 4T + 배 7T

저녁

 **쇠고기옥수수비타민죽**

=

흰죽
밥 8T(또는 쌀 갈아서 4T)
+ 물 20T

+

(찐) 채소 2
옥수수 4T + 비타민 3T
+ 양파 1T

+

(찐) 쇠고기
쇠고기 4T + 물 4T

오이감자 매시

고구마시금치 매시

재료

- ☐ 0.3cm로 다진 오이 1T
- ☐ 삶아 으깬 감자 1T
- ☐ 분유(모유) 1T(분유 스푼 기준)

재료를 잘 섞으세요.

재료

- ☐ 삶아 으깬 고구마 3T
- ☐ 데쳐 다진 시금치 1T
- ☐ 분유(모유) 2T(분유 스푼 기준)

재료를 잘 섞으세요.

중기 아기 간식 3

단호박옥수수 매시

중기 아기 간식 4

검은콩바나나 매시

재료

☐ 삶아 으깬 단호박 2T
☐ 삶아 으깬 옥수수 1T
☐ 분유(모유) 2T(분유 스푼 기준)

재료를 잘 섞으세요.

볼 재료

☐ 삶아 다진 검은콩 1T
☐ 으깬 바나나 1개
☐ 분유(모유) 2T(분유 스푼 기준)

재료를 잘 섞으세요.

중기 아기 간식 5

두유

중기 아기 간식 6

배퓌레

재료

☐ 연두부 3T
☐ 생수 6T

재료를 믹서에 갈아요.

재료

☐ 배 ½개
☐ 물 1컵

껍질 벗긴 배를 강판이나 수저로 갈아 물을 넣고
2분 정도 끓인 후 먹기 좋게 식혀요.

분유쿠키

사과퓌레

재료
- ☐ 분유 5T(분유 스푼 기준)
- ☐ 달걀노른자 1개

재료를 섞어 반죽한 다음 먹기 좋은 크기로 모양을 만들어 190℃ 오븐에서 5~7분, 또는 전자레인지에서 1분 정도 익혀요(반죽이 진흙 정도의 묽기가 되도록 달걀노른자의 크기에 따라 분유의 농도를 조절하세요).

볼 재료
- ☐ 사과 ½개
- ☐ 물 1컵

껍질 벗긴 사과를 강판이나 수저로 갈아 물을 넣고 2분 정도 끓인 후 먹기 좋게 식혀요.

PART 4

후기 이유식

(9~10개월 아기)

- 🟢 1 WEEK 월·화·수(아침, 점심, 저녁)
- ❤️ 1 WEEK 목·금·토(아침, 점심, 저녁)
- 🟢 2 WEEK 월·화·수(아침, 점심, 저녁)
- ❤️ 2 WEEK 목·금·토(아침, 점심, 저녁)
- 🟢 3 WEEK 월·화·수(아침, 점심, 저녁)
- ❤️ 이유식 거부하는 아기를 위한 후기 특별한 메뉴와 간식

본문에서는 후기 이유식 식단을 3주차 월화수까지 만드는 방법을 소개하고 있습니다.
이후 식단은 부록으로 제공되는 【우리 아기 이유식 스케줄표】에
8주차까지 모두 소개하고 있으니 참고하세요.

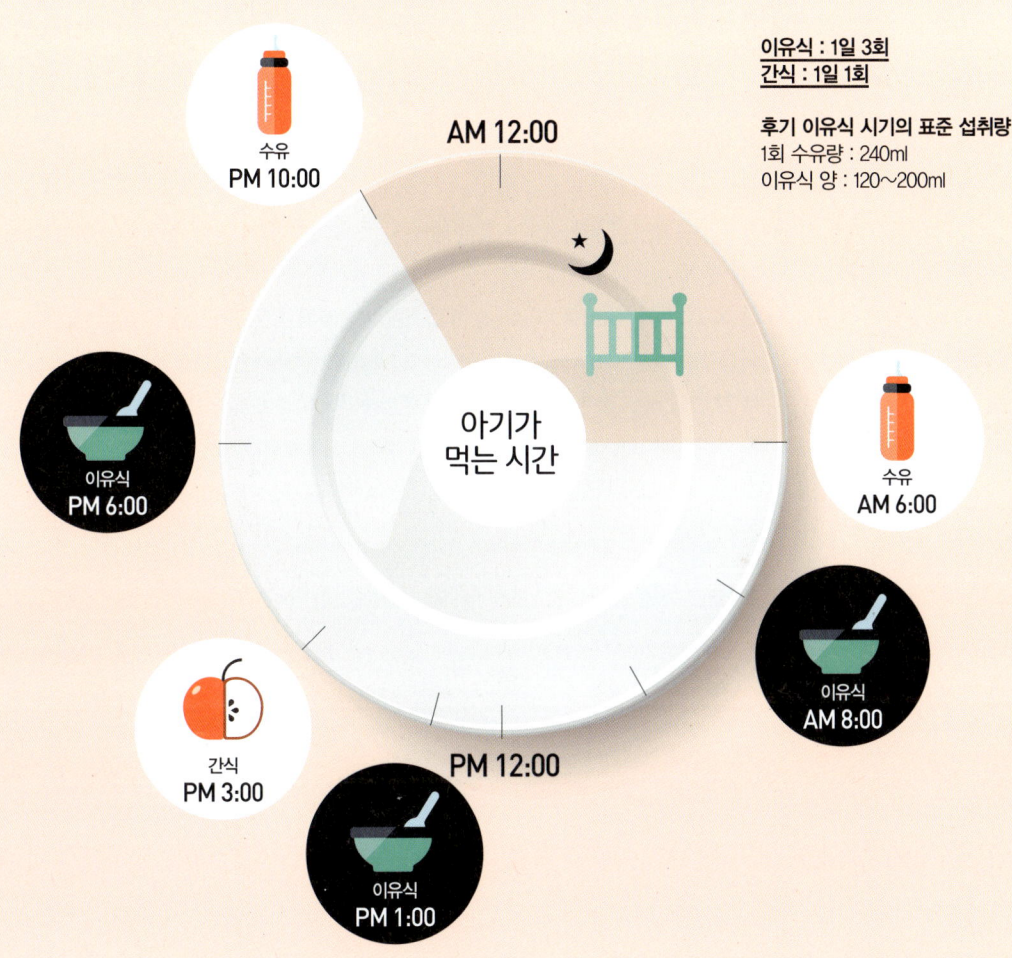

이유식 : 1일 3회
간식 : 1일 1회

후기 이유식 시기의 표준 섭취량
1회 수유량 : 240ml
이유식 양 : 120~200ml

수유
PM 10:00

AM 12:00

아기가
먹는 시간

수유
AM 6:00

이유식
PM 6:00

이유식
AM 8:00

간식
PM 3:00

PM 12:00

이유식
PM 1:00

후기 이유식

● 하루 3회(8시, 13시, 18시) 먹이는 진밥 형태의 이유식이에요.

● 이유식의 비중이 점점 늘어나는 시기예요. 중기까지는 숟가락으로 먹는 습관을 들이는 과정이었다면 후기부터는 먹는 영양소까지 생각해야 합니다. 하루에 2끼 이상 단백질을 섭취하고 채소 종류도 골고루 섭취할 수 있도록 식단을 짜세요.

● 죽은 싫어하고 어른이 먹는 밥을 먹으려는 아기들이 있어요. 씹는 재미로 먹으려고 하면 호기심을 충족시킬 정도만 준 뒤 다시 진밥 형태로 돌아옵니다. 섭취량이나 소화 등 영양 면에서 좋지 않기 때문입니다. 돌이 지날 때까지는 아기가 씹을 수 있을 정도의 죽이나 진밥 형태로 주세요.

● 찜기 또는 밥솥을 사용하여 한 번에 세 종류의 이유식을 만들어요(매 끼 다른 이유식을 준비해서 아기가 음식에 질리지 않도록 하세요).

● 중기와 비슷한 방법으로 만들되 채소나 고기의 크기를 조금씩 크게 하여 어른 음식에 적응할 수 있도록 합니다.

● 이 시기에는 아기의 두뇌와 함께 미각도 발달하여 잘못하면 맛에 싫증을 느끼게 된답니다. 포기하지 말고 다양한 재료로 아기의 흥미를 끌어보는 것이 중요해요.

● 한 번에 먹는 양은 120~180㎖ 정도지만 아기에 따라 조절 가능합니다.

● 후기 이유식에서 추가할 수 있는 재료 : 치즈, 요구르트(플레인)

● 한 끼당 섭취 적정량 : 쌀(30g 전후), 채소(30~40g), 육류(20g), 생선(20g), 과일(50g 전후), 달걀 ½개

후기 이유식 진행 방법

초기 · 중기 이유식 시기에는 숟가락 사용에 대한 호기심과 엄마 아빠와 같은 방법으로 음식을 섭취한다는 것에 대한 즐거움에 이유식을 잘 받아 먹을 수 있습니다. 하지만 후기 이유식 단계에 들어서면 차츰 이유식에 대한 매너리즘(?)이 생긴다고 할까요? 고개를 도리도리 내저으며 엄마를 애태우는 경우를 종종 볼 수 있습니다. 따라서 후기 이유식부터는 우리 아기의 입맛에 맞고, 재료들이 조화로운 맛을 이루며, 궁합이 맞는 재료를 선택해 건강한 입맛을 기를 수 있는 메뉴를 직접 짜는 것이 좋습니다.

또 후기 이유식부터는 하루에 3끼를 먹게 되는데요. 중기 이유식과 마찬가지로 전기 찜기와 전기 압력밥솥을 이용하여 세 종류의 이유식을 각각 3끼씩, 총 9끼의 이유식을 한꺼번에 만들어서 아기가 지겹지 않게 매 끼 다른 식단으로 주도록 합니다. 여기서는 이유식 메뉴를 영양가 있게 짜는 방법과 전기 찜기나 전기 압력밥솥을 이용하여 9끼의 이유식을 한 번에 만드는 방법, 그리고 씹는 즐거움을 알게 해줄 수 있는 여러 가지 엄마표 간식을 소개합니다.

후기 이유식
셀프 식단 짜기

❶ 진밥과 재료(고기와 채소 합하여 총 네다섯 가지)를 섞어 만들어요.

❷ 고기 재료(단백질)는 하루에 2끼 이상 섭취하도록 해요.

쇠고기

안심, 등심, 우둔살 등

닭고기

안심, 가슴살

흰살 생선

가자미, 대구, 조기, 갈치,
새우, 멸치 등

❸ 채소 재료는 아래에 제시한 네 가지를 종류별로 한두 가지씩 넣어요.

뿌리채소

감자, 당근
고구마, 연근, 우엉
양파, 무, 비트

잎채소

청경채, 비타민
양배추, 배추, 브로콜리
콜리플라워, 시금치,
아욱, 근대, 비트

열매채소

사과, 배, 옥수수
건포도, 대추, 콩
오이, 가지, 애호박

그외

두부, 미역
달걀, 치즈, 버섯, 김
숙주나물, 콩나물, 치즈, 콩

윤선생의
알찬팁

❶ 아기가 미각에 예민해지는 시기이므로 **세 종류를 3끼씩** 만들어두고 매일 다양하게 먹게 하면 좋아요.

❷ 이유식이 평생 입맛을 결정합니다. 이 시기에 **채소의 입자**를 조금씩 늘리지 않으면 이유식이 끝나고 나서는 채소 편식 문제로 새로운 걱정을 하게 됩니다. 아기가 캑캑거리면 약간 줄였다가 다시 서서히 입자를 늘리세요. 어느 순간 잘 먹는 모습을 볼 수 있을 거예요.

❸ 아기가 잘 먹는다고 해서, 기간을 지키지 않고 단계를 넘어가버리면 이유식을 거부하거나 먹기 힘들어 하는 일이 발생합니다. **꼭 단계별로 두 달 이상의 기간**을 지켜 먹이세요.

❹ 몇 번 먹이다 보면 아기가 좋아하는 채소나 고기 재료가 보일 겁니다. 이유식 거부가 생길 때, 내 아기를 제일 잘 아는 엄마만 할 수 있는 이유식, **내 아기가 가장 맛있어 하고 좋아하는 색깔과 맛**의 이유식을 만들어주세요. 엄마의 냄새만큼 좋아하며 맛있게 먹어줄 걸 기대하면서요.

후기 이유식 식단표

아침	점심	저녁
1 주차 월·화·수	쇠고기고구마가지달걀진밥	닭고기우엉양배추사과진밥	가자미고구마가지치즈진밥
1 주차 목·금·토	쇠고기무배숙주완두진밥	닭고기브로콜리단호박버섯리소토	멸치당근브로콜리완두버섯진밥
2 주차 월·화·수	쇠고기감자브로콜리사과진밥	닭고기당근애호박숙주김진밥	새우감자브로콜리숙주진밥
2 주차 목·금·토	쇠고기감자시금치미역진밥	닭고기연근애호박완두진밥	갈치감자옥수수두부진밥
3 주차 월·화·수	쇠고기비트양배추콩가루진밥	닭고기당근양배추건포도진밥	대구당근아욱콩나물진밥

mom's letter

믹스 커피 가장 맛있게 먹는 방법

결혼 전, 그러니까 리즈 시절…. 대부분의 그녀들이 우아하게 아메리카노를 즐겼을 겁니다. 가끔은 당이 떨어진다며 캐러멜 마키아토도 먹고, 어느 더운 날은 아포카토를 들고 다니기도 했겠지요. 하지만 지금은 나가기도 힘들고, 사 먹기도 돈 아깝습니다.

그리고 입맛이 변했는지 소위 '다방 커피'가 이 세상의 전부 같은 느낌이 들 때조차 있습니다. 집 안에 콕 박혀 빽빽 대는 아기의 울음소리에 스트레스가 슬금슬금 올라올 때 즈음, 믹스 커피로 제조한 다방 커피는 숨겨진 이성을 찾게 만드는 가히 마법의 음료라 해도 과언이 아닐 텐데요. 바로 그 커피 제조 방법 중 최고의 방법을 전수해드리려 합니 다. 저도 아무 생각 없이 한번 시도해봤다가 발견한 방법안데요, 정말 맛있어서 여러 사람에게 대접했는데 먹어보는 사람마다 이거 무슨 커피냐고 물어볼 정도였습니다.

모두가 다 아시겠지만, 라면과 커피에서 가장 중요한 것은 바로 물의 양입니다. 그 절묘한 물의 양을 아주 정확하게 맞출 수 있는 도구가 바로 에스프레소 커피잔입니다. 저는 지인으로부터 선물 받은 '별다방'용 에스프레소 잔을 쓰 고 있는데요, 보니까 총 양이 89㎖라고 적혀 있기에 아기 분유병으로 같은 양을 재 커피를 타 먹어봤지만 그래도 아 직은 나름 여자인지라, 그 잔에 먹는 거랑은 맛이 다른 것 같은 기분이 들더라고요.

물 양을 맞춰서 커피 타 드셔도 좋지만, 우리, 아직 분위기 따지는 여자 사람이니까, 혹시 여유가 된다면 에스프레소 잔 하나 구입하시길 권장합니다.

세련되고 예쁜 잔을 구입해서 믹스 커피 하나 붓고 잔의 끝까지 끓는 물을 부으세요. 그리고 몇 번 휘저어주면 아마 이 책을 만난 걸 가장 고마워하게 될 감동스러운 순간을 맞이하게 되지 않을까 싶습니다.

1
week (월·화·수)

열살을 때 좋아요

아침 쇠고기|고구마|가지|달걀진밥

점심 닭고기|우엉|양배추|사과진밥

열살을 때 좋아요

저녁 가자미|고구마|가지|치즈진밥

후기 이유식 1주차 월·화·수 식단 공식

고기 재료 선택 고기 재료를 종류별로 한 가지씩 고르세요.

쇠고기	닭고기	생선
안심, 등심, 우둔살 등	안심, 가슴살	가자미, 대구, 조기, 갈치, 새우, 멸치 등

채소 재료 선택 채소 재료를 종류별로 한두 가지씩 고르세요.

뿌리채소	잎채소	열매채소	그외
감자, 당근 고구마, 연근, 우엉 양파, 무, 비트	청경채, 비타민, 양배추, 배추, 브로콜리 콜리플라워, 시금치, 아욱, 근대	사과, 배, 옥수수 건포도, 대추, 콩, 애호박 오이, 가지, 단호박	두부, 미역 달걀, 치즈, 버섯, 김 숙주나물, 콩나물, 완두콩

앞에서 골라둔 고기 재료와 채소 재료로 맛과 색깔이 어울리게 식단을 짭니다.
고기 재료 한 가지당 채소 재료 세 가지 정도로 맞추시면 됩니다.

고기 재료	뿌리채소 중 고구마, 우엉	잎채소 중 양배추	열매채소 중 가지, 사과	그 외 달걀, 치즈	
소 등심	고구마		가지	달걀	= 쇠고기고구마 가지달걀진밥
닭 안심	우엉	양배추	사과		= 닭고기우엉 양배추사과진밥
가자미	고구마		가지	치즈	= 가자미고구마 가지치즈진밥

▶▶ **후기 이유식 1주차 월·화·수 식단 완성!**

1주차 월·화·수 재료 한 번에 준비하기

1주차 월·화·수 재료

☐ 진밥 2공기(어른용) 또는 쌀 13T   ☐ 달걀 2개
☐ 쇠고기 60g   ☐ 아기 치즈 1장
☐ 닭고기 60g
☐ 가자미 ½마리
☐ 양파(야구공 크기) ½개
☐ 양배추잎(손바닥 크기) 1장
☐ 사과(야구공 크기) ½개
☐ 가지(한 뼘 길이) ¼개
☐ 고구마(한 뼘 길이) ½개
☐ 우엉(한 뼘 길이) ¼개

진밥 2공기(어른용) 또는 쌀 13T

한 끼 양 : 밥 약 3T

달걀노른자 2개

삶은 달걀은 노른자를 분리해서 사방 0.5cm 크기로 다져요.

아기 치즈 1장

냉장보관합니다.

양배추·우엉 2T씩

각각 사방 0.5cm 크기로 다진 후 1T(약 10g)씩 나누어 냉동 보관해요.

사과·양파 3T씩

각각 사방 0.5cm 크기로 다진 후 1T(약 10g)씩 나누어 냉동 보관해요.

고구마·가지 5T씩

껍질을 벗긴 후 각각 사방 0.5cm 크기로 다진 후 1T(약 15g)씩 나누어 냉동 보관해요.

쇠고기 3T 닭고기 3T

쇠고기는 사방 0.5cm 크기로 다지고 닭고기는 모유나 분유 물에 담가 냄새를 뺀 후 1T(약 20g)씩 나누어 냉동 보관해요.

가자미 3T

찜기나 냄비에서 쪄서 살만 발라낸 후 1T(약 20g)씩 나누어 냉동 보관해요.

1주차 월·화·수 이유식 공식

아침 = 쇠고기고구마가지달걀진밥(3회분)

진밥 9T
쇠고기 3T
양파 1T
고구마 · 가지 2T씩
달걀노른자 2개

점심 = 닭고기우엉양배추사과진밥(3회분)

진밥 9T
닭고기 3T
양파 1T
우엉 · 양배추 2T씩
사과 3T

저녁 = 가자미고구마가지치즈진밥(3회분)

진밥 9T
가자미 3T
양파 1T
고구마 · 가지 3T씩
아기 치즈 1장

전기
찜기

월·화·수(아침, 점심, 저녁) 한 번에 만들기

쇠고기고구마가지달걀진밥+닭고기우엉양배추사과진밥+가자미고구마가지치즈진밥

쌀이 물에
잠긴 진밥(아기)

쌀이 물 위로 올라
온 고두밥(어른)

1

진밥을 먼저 만들어둡니다. 밥통에
쌀을 경사지게 넣어 아기 밥과
어른 밥을 한꺼번에 합니다.

생선+생수

닭고기+생수

쇠고기+생수

2

찜기 1단에 고기 재료를
종류별로 얹으세요.

채소 1

채소 2

채소 3

3

찜기 2단을 얹고 채소 재료를
종류별로 얹고 달걀도 얹습니다.

4

찜기 뚜껑을 덮고 타이머로
20분을 설정합니다.

밥 1

밥 2

밥 3

5

진밥, 고기 재료(1단), 채소 재료(2단)를 각 종류별로 섞으세요
(고기 찌고 남은 물(육수)도 섞어요).
밥 1 : 진밥(9T) + 쇠고기 + 채소 1(고구마, 가지, 양파) + 찐 달걀노른자(2개)
밥 2 : 진밥(9T) + 닭고기 + 채소 2(우엉, 양배추, 사과, 양파)
밥 3 : 진밥(9T) + 가자미 + 채소 3(고구마, 가지, 양파)
+ 치즈(1장 : 마지막에 넣어요)
완성된 각각의 이유식을 3회분씩 나누어 냉동하면
3일치 아침, 점심, 저녁 이유식이 완성됩니다.

전기
밥솥

월·화·수(아침, 점심, 저녁) 한 번에 만들기

쇠고기고구마가지달걀진밥+닭고기우엉양배추사과진밥+가자미고구마가지치즈진밥

1

쌀을 1시간가량 불리세요
(9회분 : 약 13T)

2

밥솥에 불린 쌀을 넣어요.

3

쌀 위에 세 부분으로 나누어 이유식
종류대로 재료를 모아 올립니다.

4

쌀 3~4배 양의 물을
부은 후 찜이나 죽 모드로
작동합니다.

5

완성된 각각의 이유식을 3회분씩
나누어 냉동하면 3일치 아침, 점심,
저녁 이유식이 완성됩니다.

knowhow

전기 밥솥마다 성능이 조금씩 다르기 때문에 만들어본 후에 물의 양을 조절하세요. 밥이 다 된 후 이유식을 나누어 섞고 5분 정도
후에 상태를 보아 아기가 먹기 좋아 할 정도가 적당한 묽기입니다. 참고로 약간 묽게 만들어야 시간이 지났을 때 적당해집니다.
물이 적다 싶으면 완성된 후에 뜨거운 물을 부어 5분 정도 두면 되고요.
달걀노른자가 들어가는 이유식은 달걀을 삶아서 노른자만 따로 섞거나, 날달걀의 노른자를 분리하여 밥솥에 넣으면 됩니다.

1 week (목·금·토)

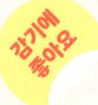

감기에 좋아요 **아침** 쇠고기무배숙주완두진밥

감기에 좋아요 **점심** 닭고기브로콜리단호박버섯리소토

감기에 좋아요 **저녁** 멸치당근브로콜리완두버섯진밥

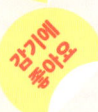

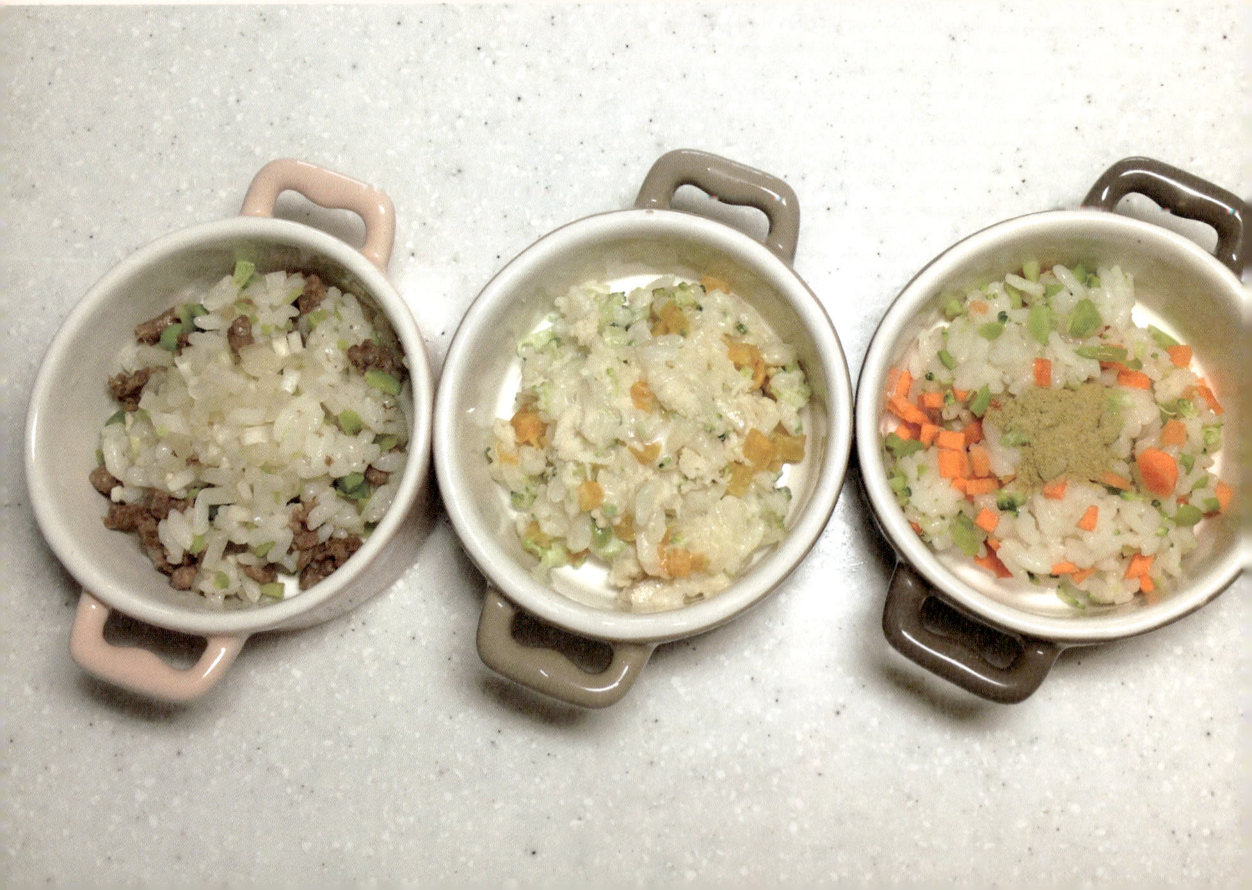

후기 이유식 1주차 목·금·토 식단 공식

고기 재료 선택 아래 표에서 고기 재료를 종류별로 한 가지씩 고르세요.

쇠고기	닭고기	생선
안심, 등심, 우둔살 등	안심, 가슴살	가자미, 대구, 조기, 갈치, 새우, 멸치 등

채소 재료 선택 채소 재료를 종류별로 한두 가지씩 고르세요.

뿌리채소	잎채소	열매채소	그외
감자, 당근 고구마, 연근, 우엉 양파, 무	청경채, 비타민 양배추, 배추, 브로콜리 콜리플라워, 시금치, 아욱, 근대, 비트	사과, 배, 옥수수 건포도, 대추, 콩, 애호박 오이, 가지, 단호박	두부, 미역 달걀, 치즈, 버섯, 김 숙주, 콩나물, 완두콩

앞에서 골라둔 고기 재료와 채소 재료로 맛과 색깔이 어울리게 식단을 짭니다.
고기 재료 한 가지당 채소 재료 세 가지 정도로 맞추시면 됩니다.

고기 재료	뿌리채소 중 무, 당근	잎채소 중 브로콜리	열매채소 중 단호박, 배	그 외 완두콩, 숙주, 버섯		
소 등심	무		배	완두콩, 숙주	=	쇠고기무배숙주 완두진밥
닭 안심		브로콜리	단호박	버섯, 분유	=	닭고기브로콜리 단호박버섯리소토
멸치	당근	브로콜리		완두콩, 버섯	=	멸치당근브로콜리 완두버섯진밥

▶▶ **후기 이유식 1주차 목·금·토 식단 완성!**

1주차 목·금·토 재료
한 번에 준비하기

1주차 목 · 금 · 토 재료

- [ ] 진밥 2공기 또는 쌀 13T
- [ ] 쇠고기 60g
- [ ] 닭고기 60g
- [ ] 볶음용 잔멸치 2줌
- [ ] 무(손가락 2마디 정도) 1개
- [ ] 당근(한 뼘 길이) ⅙개
- [ ] 양파(야구공 크기) ½개
- [ ] 브로콜리(야구공 크기) 잎 부분 ½개
- [ ] 단호박(야구공 크기) ¼개
- [ ] 양송이버섯(어른 숟가락 크기) 2개
- [ ] 배(야구공 크기) ¼개
- [ ] 완두콩 3줌
- [ ] 숙주 2줌

진밥 2공기(어른용)
또는 쌀 13T

한 끼 양 : 밥 약 3T

무·당근 2T씩

사방 0.5cm 크기로
다진 후 1T(약 10g)씩
나누어 냉동 보관해요.

브로콜리 4T
양파 3T

사방 0.5cm 크기로
다진 후 1T(약 15g)씩
나누어 냉동 보관해요.

단호박·배 2T씩

사방 0.5cm 크기로
다진 후 1T(약 10g)씩
나누어 냉동 보관해요.

완두콩 4T

하룻밤 불린 후 삶아
사방 0.5cm 크기로
다진 후 1T(약 15g)씩
나누어 냉동 보관해요.

쇠고기 3T
닭고기 3T

쇠고기는 사방 0.5cm
크기로 다진 후 찬물에
담가 핏물을 빼고,
닭고기는 우유나
분유 물에 담가 냄새를
제거한 후 1T(약 20g)씩
나누어 냉동 보관해요.

숙주 2T·버섯 4T

사방 0.5cm 크기로
다진 후 1T(약 15g)씩
나누어 냉동 보관해요.

멸치 1.5T

잔멸치를 물에 담가 짠
기를 뺀 후 마른 팬에
수분을 날릴 정도로 볶은
다음 믹서에서 갈아
통에 넣어 냉동 보관해요.

1주차 목·금·토 이유식 공식

★전기 찜기와 전기 밥솥 사용법은 〈1주차 월 · 화 · 수〉와 동일합니다.

아침

=

쇠고기무배숙주완두진밥(3회분)

진밥 9T
쇠고기 3T
양파 1T
무 · 배 2T씩
숙주 · 완두콩 2T씩

+ 숙주는 금방 숨이 죽기 때문에 아삭한 식감을 살리기 위해
생것을 마지막에 섞어요.

점심

=

닭고기브로콜리단호박버섯리소토(3회분)

진밥 9T
닭고기 3T
양파 1T
브로콜리 · 단호박 · 버섯 2T씩
분유(모유) 3T

+ 리소토는 진밥을 만든 후 마지막에 따끈한 분유(모유)를 섞는 방법
으로 만들면 됩니다. 그 위에 치즈를 ½장 얹어 녹이면 더 풍성한 맛
이 나지요.

저녁

=

멸치당근브로콜리완두버섯진밥(3회분)

진밥 9T
멸칫가루 ½T
양파 1T
당근 · 완두콩 · 브로콜리 · 버섯 2T씩

+ 멸치는 멸칫가루를 만들어 마지막에 섞으세요(멸칫가루 만들기는
완료기 이유식편 참고). 멸치 이유식은 짭조름한 맛이 있어서 아기가
정말 잘 받아 먹는 이유식이에요.

2 week (월·화·수)

아침 쇠고기감자브로콜리사과진밥

점심 닭고기당근애호박숙주김진밥

감기에 좋아요

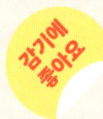

저녁 새우감자브로콜리숙주진밥

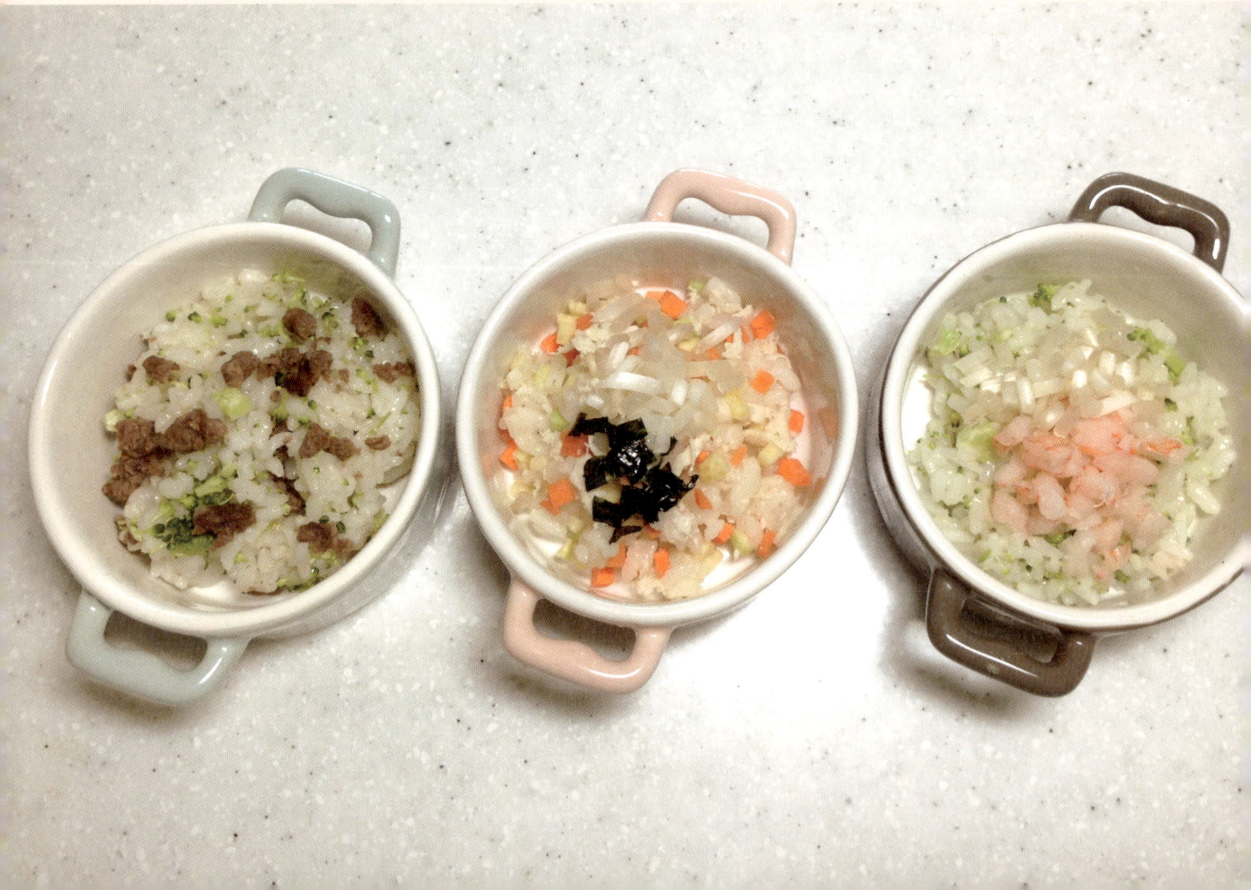

후기 이유식 2주차 월·화·수 식단 공식

고기 재료 선택 아래 표에서 고기 재료를 종류별로 한 가지씩 고르세요.

쇠고기	닭고기	생선
안심, 등심, 우둔살 등	안심, 가슴살	가자미, 대구, 조기, 갈치, 새우, 멸치 등

채소 재료 선택 채소 재료를 종류별로 한두 가지씩 고르세요.

뿌리채소	잎채소	열매채소	그외
감자, 당근 고구마, 연근, 우엉 양파, 무	청경채, 비타민 양배추, 배추, 브로콜리 콜리플라워, 시금치, 아욱, 근대, 비트	사과, 배, 옥수수 건포도, 대추, 콩, 애호박 오이, 가지, 단호박	두부, 미역 달걀, 치즈, 버섯, 김 숙주, 콩나물, 완두콩

앞에서 골라둔 고기 재료와 채소 재료로 맛과 색깔이 어울리게 식단을 짭니다.
고기 재료 한 가지당 채소 재료 세 가지 정도로 맞추시면 됩니다.

고기 재료	뿌리채소 중 감자, 당근	잎채소 중 브로콜리	열매채소 중 사과, 애호박	그 외 숙주, 김	
소 등심	감자	브로콜리	사과		= 쇠고기감자브로콜리 사과진밥
닭 안심	당근		애호박	숙주, 김	= 닭고기당근애호박 숙주김진밥
새우	감자	브로콜리		숙주	= 새우감자브로콜리 숙주진밥

▶▶ **후기 이유식 2주차 월·화·수 식단 완성!**

2주차 월·화·수 재료 한 번에 준비하기

2주차 월 · 화 · 수 재료

□ 진밥 종이컵 4컵 또는 쌀 13T   □ 김 1장
□ 쇠고기 60g   □ 숙주 4줌
□ 닭고기 60g
□ 칵테일새우(손가락 2마디 크기) 10마리
□ 감자(야구공 크기) ⅔개
□ 당근(한 뼘 길이) ⅛개
□ 브로콜리(야구공 크기) 잎 부분 ⅔개
□ 애호박(한 뼘 길이) ⅛개
□ 사과(야구공 크기) ½개
□ 양파(야구공 크기) ½개

진밥 2공기(어른용) 또는 쌀 13T

한 끼 양 : 밥 약 3T

감자 5T 당근 2T

사방 0.5cm 크기로 다진 후 1T(약 10g)씩 나누어 냉동 보관해요.

브로콜리 5T

사방 0.5cm 크기로 다진 후 1T(약 15g)씩 나누어 냉동 보관해요.

애호박 2T 사과·양파 3T씩

사방 0.5cm 크기로 다진 후 1T(약 10g)씩 나누어 냉동 보관해요.

김가루 3T

마른 프라이펜에 살짝 구워 비닐 봉투에 넣어 가루로 만든 후, 밀폐 용기에 담아 냉동 보관합니다. 1T(약 5g)

* 김가루는 섞어두면 색깔도 변하고 모양새가 별로 좋지 않답니다. 먹기 직전에 섞으세요.

쇠고기 3T 닭고기 3T

쇠고기는 사방 0.5cm 크기로 다진 후 찬물에 담가 핏물을 뺍니다. 닭고기는 모유나 분유 물에 담가 냄새를 제거합니다. 1T(약 20g)씩 나누어 냉동 보관합니다.

숙주 4T

사방 0.5cm 크기로 다지세요. 1T(약 15g)씩 나누어 냉동 보관해요.

* 숙주는 금방 숨이 죽기 때문에 아삭한 식감을 살리기 위해, 생것을 마지막에 섞어요.

새우 3T

내장을 빼고 사방 0.5cm 크기로 다지세요. 1T(약 20g)씩 나누어 냉동 보관해요.

* 새우는 생새우를 사용할 경우 등 쪽 두 번째 마디의 내장을 제거하고 다지세요. 냉동 새우의 경우에는 완전히 해동한 후에 넣지 않으면 수분 조절이 어렵답니다.

2주차 월·화·수 이유식 공식

★전기 찜기와 전기 밥솥 사용법은 〈1주차 월 · 화 · 수〉와 동일합니다.

아침 = 쇠고기감자브로콜리사과진밥(3회분)

진밥 9T
쇠고기 3T
양파 1T
감자 · 브로콜리 2T씩
사과 3T씩

+ 감자나 고구마는 다져 넣는 것이 맞지만, 삶아서 으깨면 단맛이 더 강하게 나므로 아기의 취향에 따라 엄마가 정하세요.

점심 = 닭고기당근애호박숙주김진밥(3회분)

진밥 9T
닭고기 3T
양파 1T
당근 · 애호박 · 숙주 2T씩
김가루 3T

저녁 = 새우감자브로콜리숙주진밥(3회분)

진밥 9T
새우 3T
양파 1T
숙주 2T
브로콜리 · 감자 3T씩

2
week (목·금·토)

- **아침** 쇠고기감자시금치미역진밥
- **점심** 닭고기연근애호박완두진밥
- **저녁** 갈치감자옥수수두부진밥

후기 이유식 2주차 목·금·토 식단 공식

고기 재료 선택 아래 표에서 고기 재료를 종류별로 한 가지씩 고르세요.

쇠고기	닭고기	생선
안심, 등심, 우둔살 등	안심, 가슴살	가자미, 대구, 조기, 갈치, 새우, 멸치 등

채소 재료 선택 채소 재료를 종류별로 한두 가지씩 고르세요.

뿌리채소	잎채소	열매채소	그외
감자, 당근 고구마, 연근, 우엉 양파, 무, 비트	청경채, 비타민 양배추, 배추, 브로콜리 콜리플라워, 시금치, 아욱, 근대	사과, 배, 옥수수 건포도, 대추, 콩, 애호박 오이, 가지, 단호박	두부, 미역 달걀, 치즈, 버섯, 김 숙주, 콩나물, 완두콩

앞에서 골라둔 고기 재료와 채소 재료로 맛과 색깔이 어울리게 식단을 짭니다.
고기 재료 한 가지당 채소 재료 세 가지 정도로 맞추시면 됩니다.

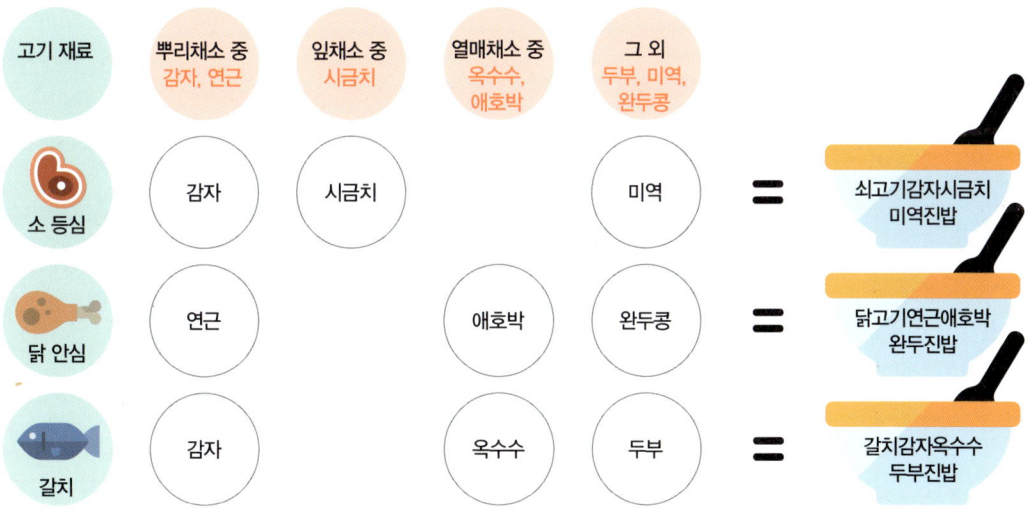

고기 재료	뿌리채소 중 감자, 연근	잎채소 중 시금치	열매채소 중 옥수수, 애호박	그 외 두부, 미역, 완두콩	
소 등심	감자	시금치		미역	= 쇠고기감자시금치 미역진밥
닭 안심	연근		애호박	완두콩	= 닭고기연근애호박 완두진밥
갈치	감자		옥수수	두부	= 갈치감자옥수수 두부진밥

▶▶ **후기 이유식 2주차 목·금·토 식단 완성!**

2주차 목·금·토 재료 한 번에 준비하기

- ☐ 진밥 종이컵 4컵 또는 쌀 13T
- ☐ 쇠고기 60g
- ☐ 닭고기 60g
- ☐ 갈치 1토막
- ☐ 연두부 ¼팩
- ☐ 마른 미역 1줌
- ☐ 완두콩 2줌
- ☐ 감자(야구공 크기) ⅔개
- ☐ 연근(손바닥 길이) ⅓개
- ☐ 시금치(잎 부분) 9장
- ☐ 애호박(한 뼘 길이) ½개
- ☐ 양파(야구공 크기) ½개
- ☐ 옥수수 캔 ¼통

진밥 2공기(어른용) 또는 쌀 13T

한 끼 양 : 밥 약 3T

양파·연근·애호박, 시금치 3T씩

사방 0.5cm 크기로 다진 뒤 1T(약 10g)씩 나누어 냉동 보관해요.

감자 6T 옥수수 2T

사방 0.5cm 크기로 다진 뒤 1T(약 10g)씩 나누어 냉동 보관해요.

연두부 2T

냉장 보관해요.

미역 2T

❶ 마른 미역을 분쇄기에 갈았다가 불리세요.
❷ 1큰술(약 5g)씩 나누어 냉동 보관해요.

완두콩 2T

❶ 하룻밤 불린 후 삶으세요. 사방 0.5cm 크기로 다지세요.
❷ 1T(약 15g)씩 나누어 냉동 보관해요.

쇠고기 3T 닭고기 3T

❶ 쇠고기는 사방 0.5cm 크기로 다진 후 찬물에 담가 핏물을 뺍니다. 닭고기는 모유나 분유 물에 담가 냄새를 제거합니다.
❷ 1T(약 20g)씩 나누어 냉동 보관해요

갈치 3T

❶ 살만 발라 사방 0.5cm 크기로 다지세요.
❷ 1T(약 20g)씩 나누어 냉동 보관해요.

2주차 목·금·토 이유식 공식

★전기 찜기와 전기 밥솥 사용법은 〈1주차 월 · 화 · 수〉와 동일합니다.

아침

= 쇠고기감자시금치미역진밥(3회분)

진밥 9T
쇠고기 3T
양파 1T
감자 · 시금치 3T씩
미역 2T

+ 미역은 마른 상태에서 분쇄기나 믹서에 간 후, 물에 불려서
넣으세요.

점심

= 닭고기연근애호박완두진밥(3회분)

진밥 9T
닭고기 3T
양파 1T
애호박 · 연근 3T씩
완두콩 2T

+ 연근이나 우엉은 떫은맛이 있으므로 식초를 한두 방울 섞은 물에
데친 후 사용하세요. 맛도 좋아지고 갈변도 막는 일석이조의 효과가
있답니다.

저녁

= 갈치감자옥수수두부진밥(3회분)

진밥 9T
갈치 3T
양파 3T
감자 3T
옥수수 · 두부 2T씩

+ 옥수수는 여름이 아니면 생것을 구하기가 어렵죠. 유기농 매장에서
구입하되 캔 제품은 뜨거운 물에 반드시 한 번 데쳐서 사용하세요.

3
week (월·화·수)

감기에 좋아요

아침 쇠고기비트양배추콩가루진밥
점심 닭고기당근양배추건포도진밥
저녁 대구당근아욱콩나물진밥

후기 이유식 3주차 월·화·수 식단 공식

고기 재료 선택 아래 표에서 고기 재료를 종류별로 한 가지씩 고르세요.

쇠고기	닭고기	생선
안심, 등심, 우둔살 등	안심, 가슴살	가자미, 대구, 조기, 갈치, 새우, 멸치 등

채소 재료 선택 채소 재료를 종류별로 한두 가지씩 고르세요.

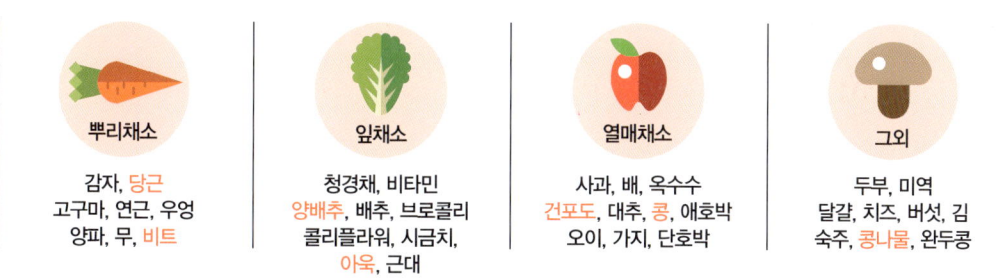

뿌리채소	잎채소	열매채소	그외
감자, 당근 고구마, 연근, 우엉 양파, 무, 비트	청경채, 비타민 양배추, 배추, 브로콜리 콜리플라워, 시금치, 아욱, 근대	사과, 배, 옥수수 건포도, 대추, 콩, 애호박 오이, 가지, 단호박	두부, 미역 달걀, 치즈, 버섯, 김 숙주, 콩나물, 완두콩

앞에서 골라둔 고기 재료와 채소 재료로 맛과 색깔이 어울리게 식단을 짭니다.
고기 재료 한 가지당 채소 재료 세 가지 정도로 맞추시면 됩니다.

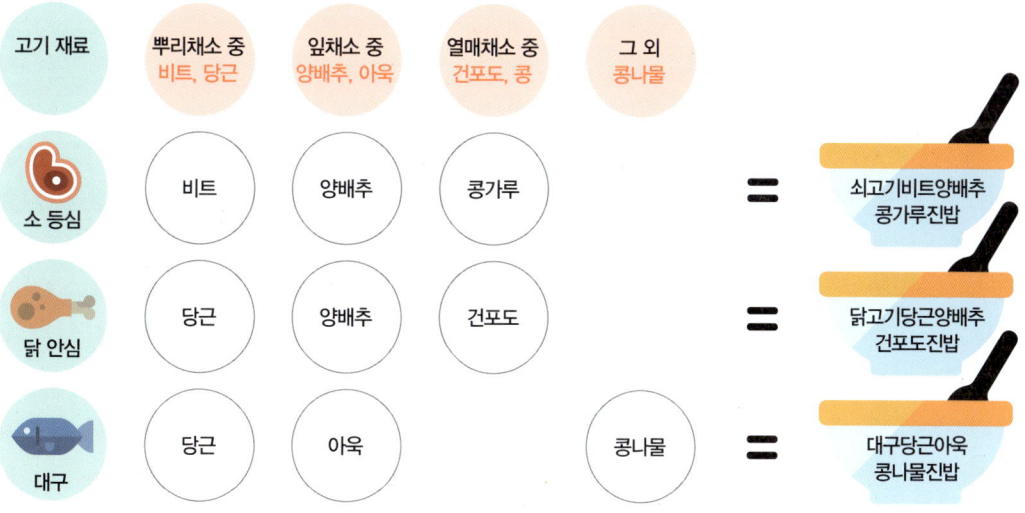

고기 재료	뿌리채소 중 비트, 당근	잎채소 중 양배추, 아욱	열매채소 중 건포도, 콩	그 외 콩나물		
소 등심	비트	양배추	콩가루		=	쇠고기비트양배추 콩가루진밥
닭 안심	당근	양배추	건포도		=	닭고기당근양배추 건포도진밥
대구	당근	아욱		콩나물	=	대구당근아욱 콩나물진밥

▶▶ **후기 이유식 3주차 월·화·수 식단 완성!**

3주차 월·화·수 재료 한 번에 준비하기

3주차 월·화·수 재료

- ☐ 진밥 2공기(어른용)
- ☐ 쇠고기 60g
- ☐ 닭고기 60g
- ☐ 손질된 대구살 2마리 분량 60g
- ☐ 양파(야구공 크기) ½개
- ☐ 양배추 잎(손바닥 크기) 3장
- ☐ 콩가루 1큰술
- ☐ 건포도 1큰술
- ☐ 당근(한 뼘 길이) 1개
- ☐ 콩나물 1줌
- ☐ 비트 ⅛개
- ☐ 아욱잎 4장

진밥 2공기(어른용) 또는 쌀 13T

1회 밥 3T 또는
쌀 1½T

콩가루 1T

첨가물이 없는, 볶은
콩가루로 준비하세요.

건포도 1T

물에 10분 정도 불렸다가
사방 0.5cm크기로
다지세요.

양배추·당근 6T 씩

사방 0.5cm 크기로
다지세요. 1T(약 10g)씩
나누어 냉동 보관해요.

아욱·콩나물 2T씩

사방 0.5cm 크기로 다지세
요. 1T(약 10g)씩 나누어 냉
동 보관해요.

양파·비트 3T씩

사방 0.5cm 크기로
다지세요. 1T(약 10g)씩
나누어 냉동 보관해요.
비트처럼 색이 진한
재료는 냉동 큐브에
비닐을 씌워 냉동하면
좋아요.

쇠고기·닭고기 3T씩

쇠고기는 사방 0.5cm
크기로 다지고 닭은
우유에 담가 냄새를 뺀 후
1T(약 20g)씩 나누어
냉동 보관해요.

대구살 3T

살만 발라 0.5cm 크기로
다져 냉동 보관해요.

3주차 월·화·수 이유식 공식

★전기 찜기와 전기 밥솥 사용법은 〈1주차 월·화·수〉와 동일합니다.

아침 = **쇠고기비트양배추콩가루진밥**(3회분)

진밥 2공기(어른용)
쇠고기 3T
양파 1T
비트 · 양배추 3T씩
콩가루 1T

+ 콩가루는 먹기 직전에 넣어 고소함을 더해 주세요.

점심 = **닭고기당근양배추건포도진밥**(3회분)

진밥 2공기(어른용)
닭고기 3T
양파 1T
당근 · 양배추 3T씩
건포도 1T

+ 건포도는 반드시 불려서 다져 주세요. 딱딱해서 아기가 먹기에
무리일 수 있습니다.

저녁 = **대구당근아욱콩나물진밥**(3회분)

진밥 2공기(어른용)
대구살 3T
양파 1T
아욱 · 콩나물 2T씩
당근 3T

이유식 거부하는 아기를 위한 특별한 메뉴 1

달걀이유식찜

진밥의 식감에 슬슬 지겨워진 아기들의 입맛을 위해, 푹신푹신한 달걀찜의 부드러움을 선물해보세요.
단, 달걀의 냄새에 예민한 아기라면 먹기 직전에 참기름을 한 방울 섞어주세요.

재료
□ 만들어둔 진밥류의
이유식 2T
□ 달걀노른자 1개
□ 분유 20ml

❶ 재료를 골고루 섞어 그릇에 담아요.
❷ 찜기에 넣고 20분간 찝니다.

이유식전

이유식 거부하는 아기를 위한 특별한 메뉴 2

엄마가 떠먹이는 숟가락보다는 자신의 손으로 직접 만지면서 먹는 걸 좋아할 정도로 우리 아이가 많이 컸습니다.

고소한 콩가루로 우리 아기의 손과 입을 유혹해볼까요?

반죽 재료
☐ 만들어둔 진밥류의
이유식 2T
☐ 밀가루 ½T
☐ 콩가루 ½T
☐ 분유 30ml

부재료
☐ 식물성 오일 1T

❶ 달군 팬에 오일을 두른 후 키친타월로 닦아냅니다.
❷ 반죽 재료를 골고루 섞어 약한불에서 아기 한 입 크기로 구워냅니다.

이유식 거부하는 아기를 위한 특별한 메뉴 3

크림피시소면

건강하게 만든 크림소스의 고소함을 아기에게 선물해보세요.
진밥의 매너리즘에 빠진 아기들도 호로록~호로록~ 맛있게 먹어줄 겁니다.

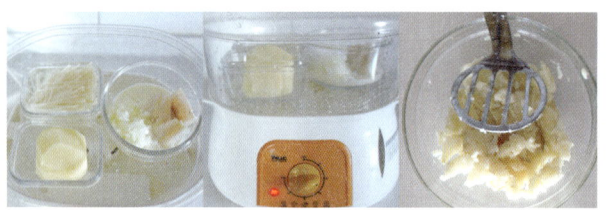

재료

☐ 대구살 2T(40g)
☐ 감자(중간 크기) ½개
☐ 다진 양파 2T
☐ 소면 ½줌
☐ 분유(또는 모유) 40ml
☐ 아기 치즈 ½장

❶ 찜기에 이유식용 그릇 3개를 얹고 재료를 얹습니다.
(그릇 1: 대구살, 분유, 다진 양파 / 그릇 2: 감자 / 그릇3: ⅛길이로 자른 소면과 소면이 잠길 정도의 물)
❷ 20분간 찝니다.
❸ 감자는 꺼내 으깬 후 나머지 찐 재료들과 골고루 섞고, 아기 치즈를 얹어 완성합니다.

아기용 백숙

아기가 아플 때는 입맛도 없어지고 이유식 거부가 더 심해지는데요. 이럴 때 달콤한 대추로 아기의 원기 회복을 도와주세요. 더운 여름에 삼계탕으로 힘을 얻듯, 아기도 엄마의 사랑이 담긴 백숙으로 다시 힘을 얻게 될 겁니다.

❶ 대추는 미지근한 물에 20분 정도 불린 후, 씨를 발라둡니다.
❷ ①과 나머지 재료를 모두 이유식용 그릇에 한꺼번에 담고 찜기에 넣어요.
❸ 20분간 찐 후 마늘은 버리고 대추 과육은 꺼내어 믹서에 갈아요.
❹ 백숙 위에 믹서에 간 대추 과육을 고명으로 얹어 완성합니다.

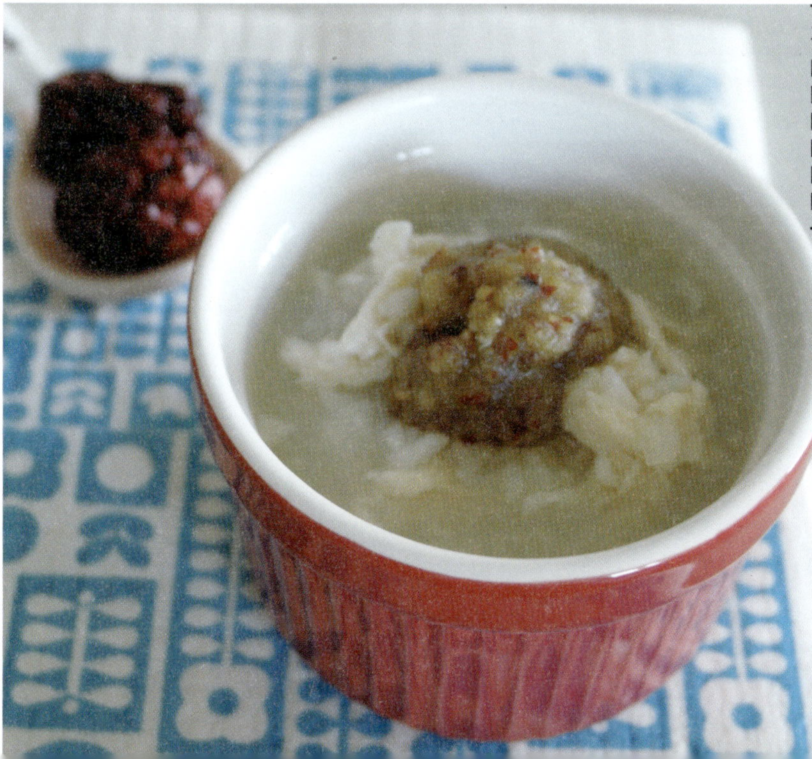

재료
- ☐ 다진 닭 안심살 2T(40g)
- ☐ 진밥 2T
- ☐ 대추 3톨
- ☐ 마늘 ½쪽
- ☐ 다진 양파 2T
- ☐ 물 1컵

제가 붙인 이름인데요, 후기 들면서 아기가 이유식을 거부할 때 난감해하지 마시고 이유식 위에 아기의 취향을 저격한
이유식 드레싱을 살포시 얹어주세요. "어라? 이건 내 입맛인데!"라며 다시 한 번 엄마를 웃게 해줄 겁니다.

◀ 아기 입맛 저격 ● 이유식 드레싱 1 ▶

단호박 드레싱

◀ 아기 입맛 저격 ● 이유식 드레싱 2 ▶

콩거트 드레싱

재료
☐ 찐 단호박 2T
☐ 분유(또는 모유) 3T

❶ 단호박 과육을 으깹니다.
❷ ①과 분유 물을 드레싱 묽기로 맞춰 섞어요.
❸ 이유식 위에 살짝 얹어서 주세요.

재료
☐ 콩가루 1T
☐ 수제 요구르트 2T(148쪽 참조)

❶ 콩가루와 요구르트를 완전히 섞습니다.
❷ 이유식 위에 살짝 얹어서 주세요.

화이트 크림 드레싱

아기 입맛 저격 ● 이유식 드레싱 3

과일 드레싱

아기 입맛 저격 ● 이유식 드레싱 4

재료

- ☐ 삶은 달걀노른자 1개
- ☐ 아기 치즈 1장
- ☐ 분유(또는 모유) 1T

❶ 달걀노른자와 살짝 녹인 아기 치즈를 준비합니다.
❷ 따끈한 분유 물과 ①을 섞어요.
❸ 이유식 위에 살짝 얹어서 주세요.

재료

- ☐ 아기가 좋아하는 과일의 과육 2T
- ☐ 연두부 2T

❶ 아기가 좋아하는 과일(여기서는 씨 발라낸 골드키위)와 연두부를 믹서에 넣고 완전히 갈아요.
❷ 이유식에 살짝 뿌려서 완성해요.

＊바나나로 만들 경우 장염이나 수족구에 걸렸을 때 좋아요.

후기 아기 간식 1

흑임자두유

재료
- ☐ 연두부 3T
- ☐ 검은깨 1T
- ☐ 물 6T

검은깨를 마른 팬에 볶은 후 모든 재료를 믹서에 넣고 곱게 갈아서
체에 거른 후 먹이세요.

후기 아기 간식 2

단호박달걀볼

재료
□ 찐 단호박 ½개
□ 아기 치즈 1장
□ 찐 달걀노른자 1개

익힌 달걀노른자는 체에 곱게 내리고 으깬 단호박과 치즈는 섞어 아기의 한 입 크기로 동글게 만든 후 체에 내린 달걀노른자에 굴립니다.

후기 아기 간식 3

수제 요구르트

후기 아기 간식 4

요구르트퐁뒤

재료
□ 우유 1L
□ 첨가물 없는 유산균 음료 200ml

재료
□ 요구르트 ½컵
□ 식빵 ½장

식빵을 아기 한 입 크기로 잘라 요구르트에
담갔다가 촉촉해지면 먹이세요.

＊아기의 식성에 따라 부드러운 과일(바나나, 키위, 자두 등)이나
삶은 감자, 고구마를 작게 잘라 함께 해도 좋습니다.

우유와 유산균 음료를 잘 섞은 후 밀폐 용기에 담아
24시간 동안 상온에 둡니다. 순두부 정도로 굳으면
냉장고로 옮기세요.

후기 아기 간식 5

고구마만주

재료

☐ 찐 고구마 ½개
☐ 아기 치즈 1장
☐ 아가베 시럽 1T
☐ 달걀노른자 1개

볼에 재료를 넣고 잘 섞어 반죽하여
만주 형태로 만든 후 달걀노른자를 바르세요.
170℃ 오븐에 20분간 익힙니다.

＊달걀노른자를 입혀 오븐에 굽는 과정은 생략해도 무방합니다.

5 PART

완료기 이유식

(11~13개월 아기)

- 윤선생의 이유식 처방 공식 1 .. 건강한 재료로 입맛 길들이기
- 윤선생의 이유식 처방 공식 2 .. 낯선 음식 단계별로 적응시키기
- 윤선생의 이유식 처방 공식 3 .. 같은 재료, 다른 음식, 다양한 맛 경험
- 윤선생의 이유식 처방 공식 4 .. 굶어 죽겠다는 투지의 아기에게

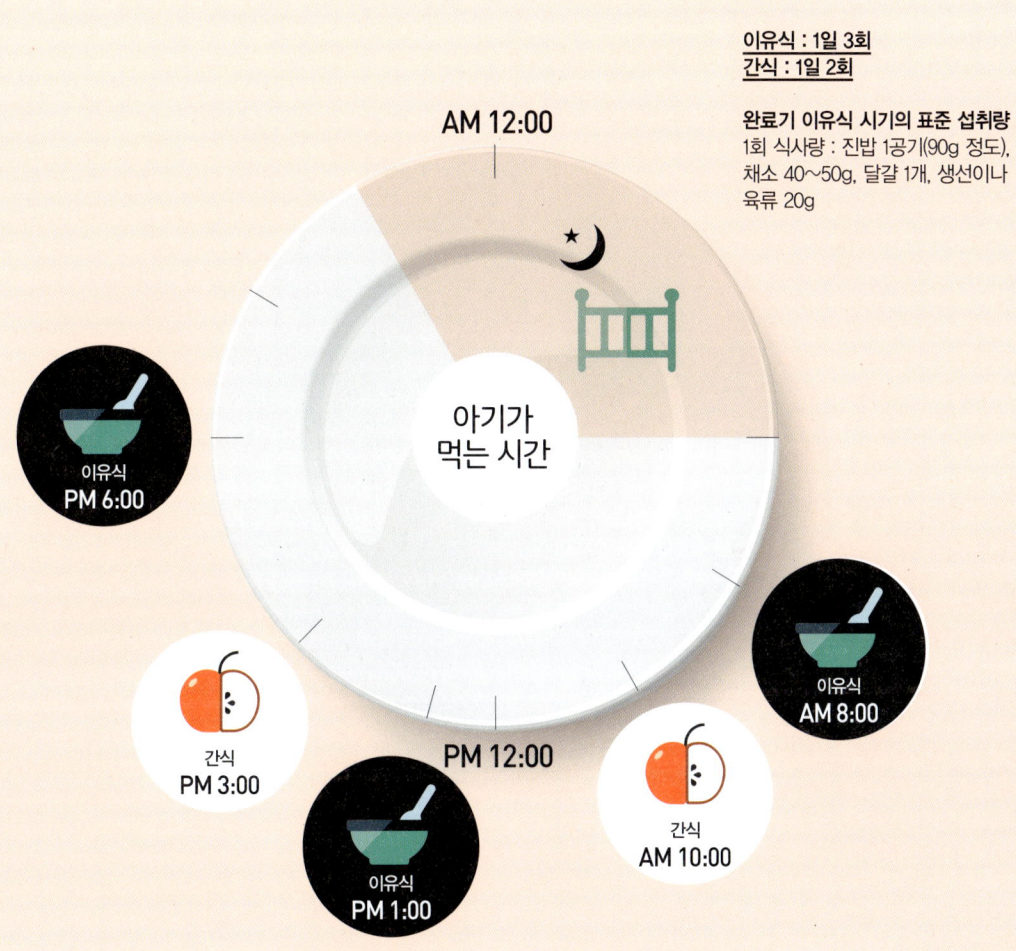

이유식 : 1일 3회
간식 : 1일 2회

완료기 이유식 시기의 표준 섭취량
1회 식사량 : 진밥 1공기(90g 정도),
채소 40~50g, 달걀 1개, 생선이나
육류 20g

AM 12:00

아기가
먹는 시간

이유식
PM 6:00

이유식
AM 8:00

간식
PM 3:00

PM 12:00

간식
AM 10:00

이유식
PM 1:00

완료기 이유식

● 이유식 시기가 모두 중요하지만 특히 완료기 이유식이 중요한 이유는 어른 밥으로 적응해가는 단계이기 때문입니다. 이제껏 잘해 오셨으니 아이의 평생 입맛을 좌우할 이 시기 또한 잘 진행하세요.

● 이 시기에는 영양 섭취를 모유나 분유가 아닌 이유식으로 해결해야 합니다.

● 돌이 지나 아기가 입맛을 잃을 때 즈음 간을 조금씩 하기 시작합니다. 이때 간은 어른 양념이 아닌 아기용 천연 조미료(멸칫가루, 새우가루)를 사용합니다. 부득이한 경우 약간의 간장 사용 정도는 괜찮아요.

● 하루에 이유식은 3끼, 12개월 이후 간식으로 먹이는 우유는 500㎖ 정도를 마시면 적당해요.

● 차츰 혼자서 먹는 것을 좋아하게 된답니다. 음식을 흘린다고 해서 수저를 빼앗거나 나무라면 좌절감을 느낄 수 있어요. 흘리더라도 혼자 먹으려 할 때 아기의 의사를 존중해주세요.

● 아기의 집중력은 매우 짧기 때문에 식사 중이라도 놀이를 하고 싶어 합니다. 식사 시간을 30분 정도로 제한하고 "잘 먹었습니다"라고 인사를 하도록 가르치며 치우도록 해보세요.

● 바쁜 엄마가 매일 다양한 식단을 구성하기란 어려운 일입니다. 2일에 한 번 정도 먹은 음식을 체크하여 영양을 맞춰주어도 괜찮아요.

● 꿀과 생우유는 돌 이전에 절대로 먹어선 안 됩니다.

● 땅콩 등의 견과류는 아기에 따라 두 돌까지도 알레르기 반응을 보일 수 있습니다. 소량을 먹여본 후에 이유식에 넣으세요.

완료기 이유식 진행 방법

❶ 완료기 이유식의 레시피에 나오는 1T는 어른 숟가락 하나, 1t는 아기 숟가락 하나를 뜻합니다. 간략하게 표기하기 위해 썼으니 참고하세요.

❷ 단맛을 낼 때는 설탕 대신 선인장에서 추출한 유기농 아가베 시럽을 사용했습니다. 아기 이유식에 사용되는 양은 소량이기 때문에 한 통 사놓으면 정말 오래 쓸 수 있답니다. 전 이유식을 많이 만들었다고 생각하는데도, 돌 때 즈음 한 통을 사는데 23개월에 마지막 한 방울을 썼던 기억이 나네요.

❸ 아기 간장을 사용하시는 분들도 계시던데 저는 일반 간장을 사용했습니다. 아기 간장을 사용하면 좋겠지만 보관 기간도 짧고, 묽게 만들어서 많이 쓰는 것과 일반 간장을 소량 쓰는 것과 별반 차이가 없는 것 같습니다. 감칠맛은 멸칫가루나 새우가루로 대체하면 됩니다.

❹ 돌 이후 아기를 기준으로 레시피를 실었습니다. 아기의 연령을 생각해서 레시피를 응용하세요. 예를 들면 돌 이전의 이유식 완료기 아기라면 우유 대신 분유나 모유, 땅콩가루 대신 참깻가루, 꿀 대신 아가베 시럽을 넣는 것으로요.

안 먹는 아기에 대처하는 기본 자세

하나, 규칙적인 식사를 하게 한다.

정해진 시간에 정해진 장소에서 식사를 하게 합니다. 기본적으로 식사 시간 2시간 전부터는 절대 간식을 주지 않습니다.

둘, 억지로 먹이지 않는다.

'음식'과 '싫은 마음'이 결합되지 않게 억지로 먹이지 않습니다. 엄마의 굳은 얼굴이 아기의 입을 더욱 다물게 합니다. 안 먹을 때는 마음 내려놓고 엄마도 쉬세요.

셋, 음식에 대해 거부감을 가지지 않도록 계속 시도한다.

먹지 않으면 굶기라는 말이 있지만, 3일을 굶어도 먹지 않는 아기도 있습니다. 음식이 싫다면 싫은 이유가 있을 겁니다. 엄마로서 해줄 수 있는 최선을 다해야 합니다. 지금 시도하지 않으면 좀 더 커서는 편식 문제 때문에 더욱 힘들어질 수도 있습니다.

아기의 입맛을 사로잡는 천연 조미료(멸칫가루·새우가루)

간을 하지 않은 음식을 만들 때, 짠맛을 없애고 비린내를 제거하는 데 유의하세요. 소금 대신 멸칫가루를 넣거나 새우가루를 넣으면 감칠맛이 더해져서 아기들이 잘 먹는답니다.

이렇게 만들어요

① 잔멸치(밥새우)를 물에 담가두어 짠 기를 빼세요.

② 기름을 두르지 않은 마른 팬에 볶아 수분을 날립니다.

③ 분쇄기나 믹서에 갈아요.

④ 밀폐 용기에 담아 냉동실에 보관하세요.

1
건강한
재료로
입맛
길들이기

저희 아기는 흔히 말하는 아기 입맛이 아닙니다. 달달한 음식보다는 구수한 음식을 좋아하거든요. 바나나우유는 안 먹지만 현미우유는 좋아하고, 고소하고 달달한, 맛이 강한 시판 피자보다는 집에서 만든 밍밍한 퓨전 피자를 더 잘 먹습니다. 반찬도 햄이나 소시지 같은 가공된 음식은 싫어하고 나물 반찬은 손으로 막 집어 먹습니다. 밥도 그냥 흰 쌀밥보다는 콩밥을 좋아합니다. 콩 먹는 재미로 밥을 먹는다고 해도 과언이 아니지요. 건강한 음식으로 입맛이 길 들여진 것 같아 나름 뿌듯해하고 있습니다. 이렇게 된 데는 무난히 잘 먹는 여러 가지 재료로 다양한 요리를 해준 것에 약간의 공을 돌려도 되지 않을까 생각합니다.

하.지.만. 예상하셨듯이 쉬운 과정은 아니었습니다. 그분(?) 나름의 철칙에 맞춰주려고 애 좀 먹었거든요. 완성된 음식을 냉동했다가 그대로 데워주면 먹지 않습니다. 방금 만든 따끈따끈한 것만 먹기 때문에 부침 음식도 구워서 냉동하지 않고 반죽을 냉장 보관했다가 막 구워서 줘야 합니다. 물론 같은 종류의 전은 연속해서 먹지 않기 때문에 반죽에 다른 재료를 추가해서 줘야 합니다. 감자전을 만들었다면 반죽을 냉장 보관했다가 다음번에는 양파를 다져 넣고, 그다음에는 쇠고기를 더 넣고, 멸치를 넣어보기도 하고…. 불고기도 볶아서 냉동했다 주면 안 먹어서 양념에 재워놓은 상태로 냉동하고, 스테이크도 익히기 전 상태로 냉동해야 합니다. 나물무침도 냉장고에서 미리 꺼내서 찬 기를 없앤 뒤에 참기름이라도 한 방울 더 넣어 갓 무친 것처럼 깨소금 촤촤~ 뿌려줘야 좋아합니다. 볶음밥은 냉동했다가 다시 볶으면 어느 정도 먹어줄 법도 한데, 귀신처럼 알아냅니다. 이분은 대체 어느 별에서 온 왕자님일까 요? 왕자님께 진상했던 나름 무난한 이유식 재료들과 요리 방법, 그 보관 방법에 대해 적어보았습니다.

main 1
올바른 감자 이유식

감자의 효능

감자의 별칭 : '땅속에서 나는 사과'
감자의 영양 성분 : 풍부한 비타민, 밥보다 많은 철분, 나트륨을 배출하는 칼륨
함께하면 완전체 : 달걀, 우유, 당근, 브로콜리

손질과 찌기

손질 : ① 깨끗이 씻어요. ② 싹이 난 부분과 파란 부분까지 잘라냅니다. ③ 껍질을 벗기고 찌세요.
(여기에서는 찐 감자를 이용한 이유식을 만듭니다.)
보관 : 찐 감자는 2~3일 내로 쓸 양은 밀폐 용기에 담아 냉장 보관하고요,
더 오래 보관해야 하는 양은 밀폐 용기에 담아 냉동 보관하면 됩니다.
쓸 때는 자연 해동하거나 내열 용기에 담아 전자레인지에 해동하세요.

감자 요리 1

감자당근짜조

베트남 만두인 짜조는 아기 한 끼에 2개 정도의 양이 적당해요. 라이스페이퍼를 익힐 때에는 미지근한 물을
사용하는 것이 좋아요. 또, 말 때는 재료를 끝 쪽에 올려야 속이 터지지 않고 예쁘게 말리니 참고하세요.

만들기는
이렇게

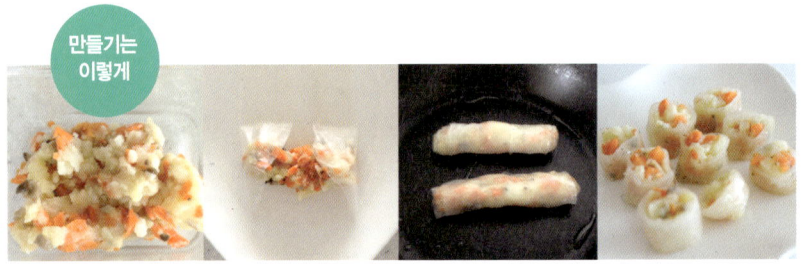

보관은
이렇게

❶ 으깬 감자와 볶은 당근·양송이버섯을 섞어요.

❷ 미지근한 물에 담가 말랑해진 라이스페이퍼에 ①을 올려 돌돌 맙니다.

❸ 오일을 두른 팬에 ②를 구워요.

❹ 가위를 이용해 아기 한 입 크기로 자르세요.

몇 개를 한꺼번에 말아서 냉
장 보관했다가 먹기 전에 구
워서 아기에게 주면 됩니다.

소 재료

☐ 으깬 감자 1T

☐ 다져서 볶은 당근 1T

☐ 다져서 볶은 양송이버섯 1T

말이 재료

☐ 라이스페이퍼 2장

☐ 미지근한 물 적당량

☐ 식물성 오일 2T

감자 요리 2

토르티야 데 파타타

스페인에서 종종 만들어 먹는 가정 요리입니다. 아기들이 아주 좋아하는 부드러운 식감의 요리지요.
아주 약한 불에 레몬색으로 구우세요. 스페인 시골에서는 노릇하게 굽지 않는답니다.

만들기는 이렇게

보관은 이렇게

❶ 찐 감자는 슬라이스로, 식빵은 아기 한 입 크기로 자릅니다.
❷ 오일을 두른 팬에 다진 양파를 볶아두세요.
❸ ①, ②의 재료를 식혀서 달걀물에 넣은 후 오일을 두른 팬에 한꺼번에 구워요.
❹ 소스 재료를 섞어 끓여 소스를 만듭니다.

재료를 손질하여 냉장 보관했
다가 먹기 전에 달걀물만 넣
어서 구우면 됩니다.

소 재료

☐ 찐 감자 ¼개
☐ 다진 양파 2T
☐ 식빵 ½장

소스 재료

☐ 다진 사과 2T
☐ 아가베 시럽 1t
☐ 계핏가루 1t

나머지 재료

☐ 달걀 1개
☐ 식물성 오일 2T

＊소스는 메인 이유식에 곁들
이되, 부드러운 맛을 좋아하는
아기라면 생략해도 됩니다.

감자 요리 3

감자시금치전

일반적으로 전을 부칠 때는 반죽 점성을 봐가면서 육수를 첨가하세요. 반죽을 떨어뜨렸을 때 3초 정도 후 뚝 떨어지는 정도가 적당합니다. 전을 부친 후에는 한 김 식을 때까지 겹치지 않게 접시에 담아둡니다. 겹쳐두면 전이 흐물흐물해져서 식감이 나빠져요.

만들기는 이렇게

❶ 찐 감자는 사방 1cm 크기로 썰고 시금치는 잘게 다집니다.
❷ ①과 반죽 재료를 점성을 보아가며 섞으세요.
❸ 오일을 두른 팬에 노릇하게 굽습니다.

보관은 이렇게

미리 구워두지 말고, 반죽 상태로 냉장고에 보관하세요. 2일까지 보관 가능합니다.

채소 재료
☐ 찐 감자 1개
☐ 다진 시금치 1T
반죽 재료
☐ 밀가루 3T
☐ 새우가루 1t
☐ 육수 적당량
나머지 재료
☐ 식물성 오일 1T

감자 요리 4

아기크로켓

아기가 정말 좋아하는 이유식이랍니다. 튀기지 않아 담백하면서도
크로켓의 고소한 풍미를 지니고 있지요.

만들기는 이렇게

보관은 이렇게

❶ 오일을 두른 팬에 다진 양파와 쇠고기를 볶으세요.
❷ ①에 으깬 감자와 치즈를 섞어 동그란 볼을 만듭니다.
❸ ②를 빵가루에 굴리세요.

②의 상태로 냉장 보관하세요.
빵가루를 미리 묻히면 수분을
흡수해서 갓 만들었을 때와
맛이 달라진답니다.
＊빵가루는 유기농 숍에서 구
입해도 좋고요, 직접 만들어도
좋아요. 식빵의 가장자리를 자
른 후, 믹서에 갈면 간단하게
부드러운 수제 빵가루를 만들
수 있습니다.

볼 재료

☐ 으깬 감자 3T
☐ 다진 양파 1T
☐ 다진 쇠고기 2T
☐ 다진 아기 치즈 1장

나머지 재료

☐ 빵가루 5T
☐ 식물성 오일 1T

main 2
올바른 마요네즈 이유식

▶ 두부마요네즈 ◀

재료 : 두부 ⅓모, 아가베 시럽 1t, 레몬즙(또는 식초) 1t, 올리브유 1T, 다진 양파 1T

만들기 : 재료를 모두 믹서에 넣고 갈아요.

보관 : 냉장 보관 3~4일 가능합니다.

맛과 느낌 : 샐러드드레싱 정도의 묽기이고 상큼한 맛이 있어 식욕을 돋우기에 좋습니다.

▶ 캐슈너트 마요네즈(캐요네즈) ◀

재료 : 캐슈너트 1컵(약 100g), 올리브유 2T, 생수 10T(80㎖)

만들기 : 재료를 믹서에 넣고 갈아요.

보관 : 냉장 보관 일주일, 냉동 보관 한 달 정도 가능합니다.

맛과 느낌 : 시판 마요네즈와 비슷한 묽기이고 아주 고소합니다. 생수를 조금 줄이고 양파를 몇 조각 넣으면 훨씬 풍부한 맛이 납니다. 하지만 그만큼 사용 기간이 짧아지는 것도 고려하세요.

+ 이 책에서 사용한 마요네즈는 대부분 캐요네즈(캐슈너트 마요네즈)입니다.
하시만 저음 믹어보고 알레크기기 있다면 두부마요네즈를 만들어주는 편이 좋겠지요.

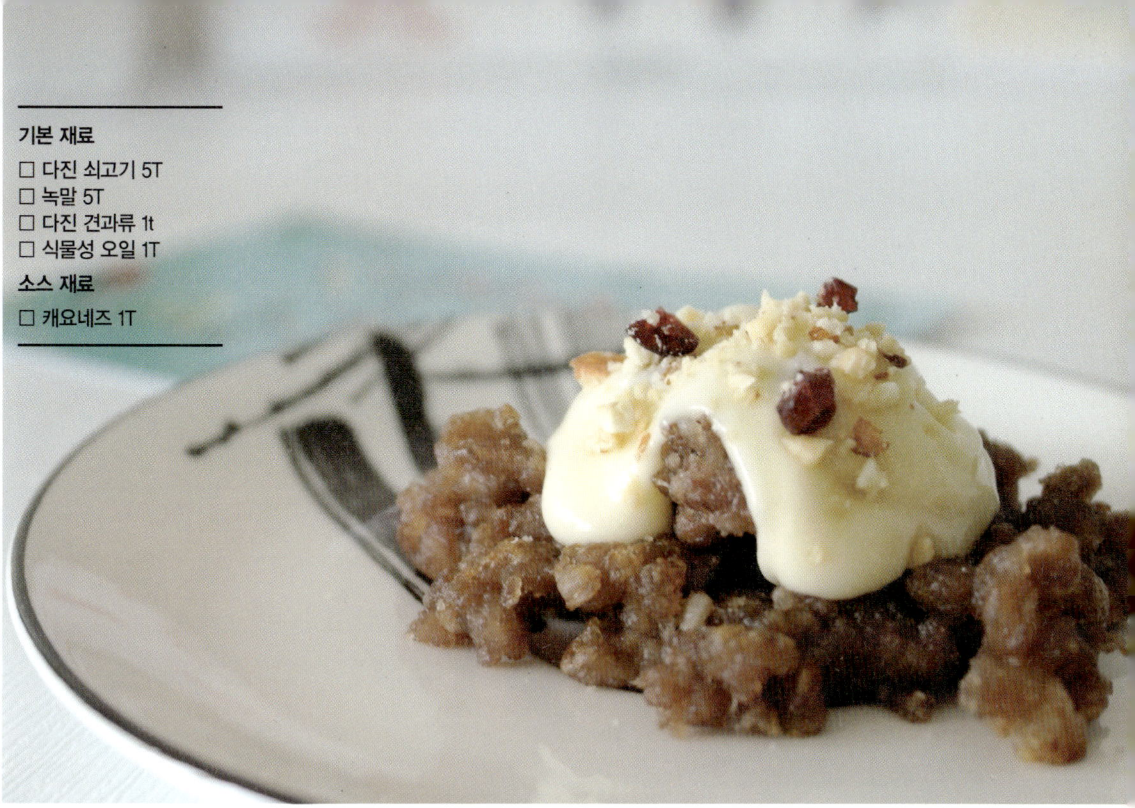

기본 재료

☐ 다진 쇠고기 5T
☐ 녹말 5T
☐ 다진 견과류 1t
☐ 식물성 오일 1T

소스 재료

☐ 캐요네즈 1T

마요네즈 요리 1

쇠고기범벅

견과류는 아기가 먹을 수 있는 것인지 확인한 후 뿌리세요.
땅콩을 제외한 견과류, 아몬드나 호두 등은 돌 지나서부터 조금씩 먹이기 시작하는 것이 좋습니다.

만들기는 이렇게

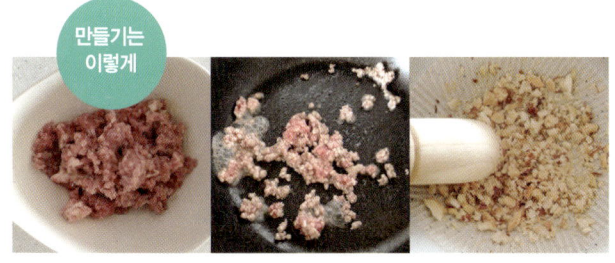

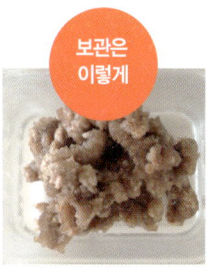

❶ 다진 쇠고기에 녹말을 섞어둡니다
❷ ①을 오일을 두른 팬에 보슬보슬하게 볶아요.
❸ ②에 캐요네즈를 끼얹거나 버무리고 다진 견과류를 뿌리세요.

보관은 이렇게

쇠고기는 구워서 냉장 보관했다가 먹기 직전에 팬에 살짝 데워서 소스와 버무리면 좋아요.

마요네즈 요리 2

김치마요덮밥

김치의 상큼함과 캐요네즈의 고소함이 더해지면 입을 꼭 다물던 아기들도 '찹찹찹~' 하며 잘 먹을 겁니다.
하지만 아직 김치는 찬물에 10분 이상 담가두었다가 사용하세요. 여린 위장에 부담이 갈 수 있으니까요.

만들기는 이렇게

❶ 김치볶음 재료를 섞어 오일(1T)을 두른 팬에 볶아둡니다.
❷ 달걀은 우유와 섞어 오일(1T)을 두른 팬에서 스크램블드에그를 만듭니다.
❸ 접시에 밥, 스크램블드에그, 김치볶음을 순서대로 얹으세요.
❹ 캐요네즈를 사선으로 교차해가면서 뿌리고 김가루를 얹어 장식하세요.

보관은 이렇게

스크램블드에그와 김치볶음을 따로 냉장 보관했다가 살짝 데워서 밥에 얹어주면 좋습니다.
＊캐요네즈 장식은 아기 물약병을 이용하면 편리합니다.

기본 재료
□ 밥 ½공기
□ 캐요네즈 1T
□ 김가루 1T
□ 식물성 오일 2T

스크램블드에그 재료
□ 달걀 1개
□ 우유 1T

김치볶음 재료
□ 씻어서 다진 김치 2T
□ 아가베 시럽 1t

마요네즈 요리 3

알밥푸딩

밥이 푸딩?? 밥도 아니고 빵도 아닌 폭신한 식감이 그만이에요. 컵에서 꺼내지 말고 그대로 푸딩 떠먹듯이 먹이세요.
꺼내서 생긴 걸 보면 '이건 뭔가' 싶어 눈 동그래지며 아기가 손사레를 칠 수도 있으니까요.

만들기는 이렇게

보관은 이렇게

❶ 날치알은 오렌지주스나 레몬즙에 10분간 담가둡니다.
❷ 밥, 날달걀, ①, 캐요네즈, 김가루를 섞으세요.
❸ 그릇 안쪽에 오일을 바르고 ②를 넣어 전자레인지에 3~4분 익히세요.

완성 요리 그대로 냉동 보관
했다가 전자레인지에 데우면
촉촉한 식감을 그대로 맛볼
수 있어요.

재료
- □ 밥 ½공기
- □ 캐요네즈 1T
- □ 날치알 2T
- □ 달걀 1개
- □ 김가루 2T
- □ 식물성 오일 약간
- □ 오렌지주스나 레몬즙 3T

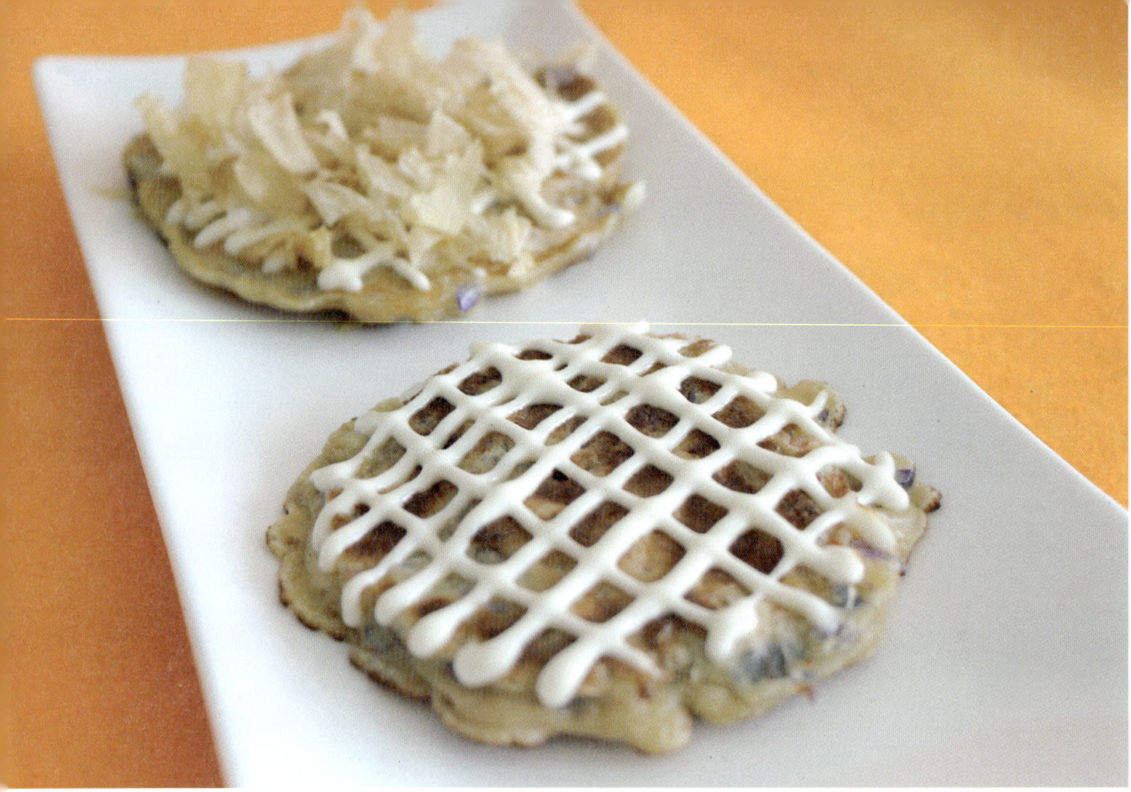

오코노미야키

비 오는 날, 아기와 함께 분위기 한번 잡아보는 건 어떨까요? 주룩주룩 빗소리와 함께 먹는
오코노미야키 한 입···. 엄마가 옆에서 맛있게 먹는 걸 보면 아기도 같이 맛있게 분위기 잡아주지 않을까요?

만들기는 이렇게

❶ 반죽 재료를 모두 섞어 오일을 두른 팬에 굽습니다.
❷ 가다랑어포를 다져 올리고, 캐요네즈를 장식하듯이 뿌리세요.
＊스테이크 소스 3T만 더 얹으면 어른들이 먹기에도 아주 괜찮은 오코노미야키가 됩니다.
아기와 '즐밥' 하세요~.

반죽 재료

☐ 다진 양배추 3T
☐ 다진 새우살 3T
☐ 다진 당근 2T
☐ 다진 양파 2T
☐ 밀가루 3T
☐ 달걀 1개
☐ 우유(분유) 1T

나머지 재료

☐ 캐요네즈 3T
☐ 가다랑어포 약간(생략 가능)
☐ 식물성 오일 2T

main 3
올바른 흰살 생선 이유식

흰살 생선의 효능

영양 성분 : 시력 강화에 좋은 비타민 A, 각기병을 예방하는 비타민 B$_1$, 각종 염증에 좋은 비타민 B$_2$, 노화를 방지하는 비타민 E, 피부에 좋은 니아신.
함께하면 완전체 : 무, 콩나물, 양배추

손질

찌거나 구워서 생선살을 발라 냉동 보관하면 그때그때 요리하기 편리합니다.
바쁜 엄마나 직장 맘들은 순살 상태의 이유식 재료로 나오는 제품도 있으니 참고하세요. 여기에서는 찐 생선살을 이용한 이유식을 만듭니다.

생선 요리 1

미역생선덮밥

가자미미역국 드셔본 적 있으세요? 미역국의 구수한 맛과 부드러운 가자미 살의 조화가 아주 일품이지요.
가자미미역국에서 모티브를 따고 알싸한 들깻가루의 향까지 더해 바다의 맛을 보여주기에 아주 좋은 이유식입니다.

만들기는
이렇게

보관은
이렇게

❶ 미역을 찬물에 불려서 깨끗이 씻은 후 잘게 자르세요.
❷ ①을 참기름에 볶다가 미역의 색깔이 파릇해지면 육수와 멸칫가루, 들깻가루를 넣습니다.
❸ 끓으면 녹말물을 부으며 농도를 맞추어 걸쭉한 소스를 완성합니다.
❹ 밥 위에 소스와 익힌 생선살을 얹어요.

소스와 익힌 생선살을 보관 팩에 담아 냉장 보관했다가 먹기 전에 한 번 끓여서 밥 위에 얹으세요. 단, 녹말물은 이미 가라앉아서 점성이 떨어졌을 테니까 상태를 봐서 녹말물을 조금 더 넣는 건 선택 사항이고요.

기본 재료
- ☐ 밥 ½공기
- ☐ 익힌 생선살 2T

소스 재료
- ☐ 분쇄기에 간 마른 미역 1T
- ☐ 참기름 1T
- ☐ 육수 1컵
- ☐ 멸칫가루 2t
- ☐ 들깻가루 1t
- ☐ 녹말물 3t(녹말 1t + 물 2t)

재료
- ☐ 현미밥 ½공기
- ☐ 생선살 3T
- ☐ 다진 양파 2T
- ☐ 다진 파 2T
- ☐ 달걀 1개
- ☐ 식물성 오일 1T

생선 요리 2

생선살현미밥전

아기 건강을 생각하느라 현미밥을 짓긴 했는데, 시간이 지나면 너무 꼬들꼬들해져 고민이었다면,
바로 이 이유식이 한숨 덜어줄 거예요. 밥전은 밥 안 먹고 반찬만 먹으려는 아기들 밥 먹이기에 아주 그만이지요.

만들기는 이렇게

보관은 이렇게

❶ 달걀을 풀어 생선살, 다진 양파, 다진 파를 넣어 섞어요.
❷ ①에 한 김 식은 밥을 넣어 오일을 두른 팬에 한 입 크기로 굽습니다.
＊반죽에 밥을 넣을 때 뜨거운 밥을 넣으면 달걀이 익어버리므로 반드시 한 김 식은 밥을 넣으세요.

반죽에 밥을 넣어서 보관하면 밥이 달걀을 다 흡수해버려서 볶음밥이 되어요. 밥을 넣기 전 반죽 상태로 냉장 보관하세요.

생선 요리 3

생선달래비빔밥

콩나물의 식감과 달래의 향 그리고 입에 착 감기는 생선살이 우리 아기의 입 앞에서 "열려라, 참깨~" 주문을
외울 겁니다. 그럼 못 이기는 척 "에헴~" 하고 입을 열어줄 아기의 모습을 기대해볼까요?

만들기는 이렇게

기본 재료
☐ 밥 ½공기
☐ 익힌 생선살 2T
☐ 콩나물 1줌

달래 간장 소스 재료
☐ 간장 1T
☐ 다진 달래 1t
(또는 부추, 파 등)
☐ 아가베 시럽 ½t
☐ 참기름 1T
☐ 깨소금 1t
☐ 물 1t

❶ 콩나물은 머리와 꼬리를 다듬고 1cm 길이로 자른 후 끓는 물에 데치세요.
❷ 밥에 익힌 생선살. 콩나물을 얹고 달래 간장 소스를 넣어 비빕니다.

＊달래 간장 소스에 퍼지는 달래의 향이 아기 입맛을 돋워줍니다. 냉장 보관해두고
다른 종류의 나물비빔밥, 쇠고기비빔밥 또는 간단한 달걀비빔밥, 치즈비빔밥에도 넣어 응용해보세요.

main 4
올바른 고구마 이유식

고구마의 효능

고구마의 영양 성분 : 변비 해소에 좋은 섬유소, 피로 방지에 좋은 비타민 G, 나트륨과 콜레스테롤을 배출하는 칼륨,
각종 무기질
함께하면 완전체 : 김치, 사과, 우유, 브로콜리

손질과 찌기

손질 : ① 깨끗이 씻어요. ② 싹이 난 부분과 파란 부분까지 잘라내세요. ③ 껍질을 벗겨 40분 정도 찝니다.
여기에서는 찐 고구마를 이용한 이유식을 만듭니다.
당도 : 삶기 〈 찌기 〈 굽기
보관 : 찐 고구마는 2~3일 내로 쓸 양은 밀폐 용기에 담아 냉장 보관하고, 더 오래 보관해야 하는 양은 밀폐 용기에 담아
냉동 보관합니다. 자연 해동하거나 내열 용기에 담아 전자레인지에 해동해 사용하세요.

고구마 요리 1

고구마김치전

고구마와 김치의 맛 궁합은 말할 것도 없지요! 아기들이 참 좋아하는 이유식입니다.

맵지 않게 김치의 좋은 유산균을 먹일 수 있어서 더 좋은 건강 이유식이에요.

김치는 10분 이상 물에 담갔다가 사용하길 권장해요.

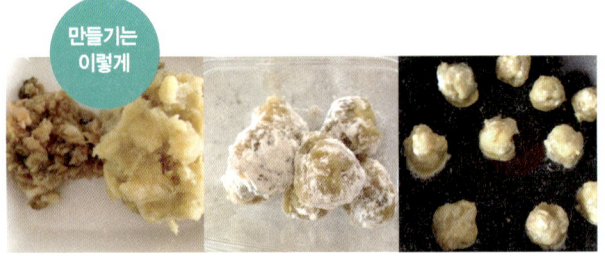

만들기는
이렇게

보관은
이렇게

❶ 찐 고구마를 으깨어 다진 김치와 섞어 한 입 크기로 빚어요.

❷ ①을 밀가루에 굴리세요.

❸ 달걀물에 담갔다가 오일을 두른 팬에 굽습니다.

①번 볼 상태로 냉장 보관하고 먹을 때 밀가루와 달걀물을 묻혀 구우면 된답니다.

볼 재료

☐ 찐 고구마 1개분
☐ 씻어 다진 김치 2T

나머지 재료

☐ 밀가루 3T
☐ 달걀 1개
☐ 식물성 오일 1T

고구마 요리 2

브로콜리고구마김밥

브로콜리와 고구마의 음식 궁합이 좋다는 데 착안하여 만든 이유식이에요.

완료기 이유식으로 만든 것 중 우리 아기가 처음으로 자기 손으로 먹은 요리라 기억에 많이 남는군요.

엄마로서 자신감을 가질 수 있게 해주어서인지 특히 마음이 가는 이유식이라 주위 아기들에게 선물도 하곤 했답니다.

만들기는 이렇게

보관은 이렇게

❶ 찐 고구마는 막대 모양으로 썹니다.
❷ 다진 브로콜리를 참기름에 볶아 밥과 섞으세요.
❸ 김을 4등분하여 깔고 ②, ①을 얹어 돌돌 말아요.

남은 김밥은 냉장고에 보관했다가 달걀물을 묻혀 구우면 색다르게 먹을 수 있어요.

재료
□ 밥 ½공기
□ 찐 고구마 ½개
□ 다진 브로콜리 2T
□ 김 1장
□ 참기름 1T

고구마 요리 3

아기고구마쇠고기강정

일식 두부부침을 하다가 고기는 어떨까 싶어서 한 번 만들어봤는데, 웬걸 너무 맛있는 겁니다. 혼자 감탄을 하면서
만들던 기억이 나네요. 아기는 등 뒤에서 엄마가 왜 저러나 싶었겠지요. 뜬금없이 만들긴 했지만,
제 마음을 알기라도 하듯 아기가 정말 잘 먹어줘서 아주 뿌듯했답니다.

만들기는 이렇게

보관은 이렇게

❶ 다진 쇠고기에 녹말을 뿌려서 골고루 섞은 후 잠시 둡니다.
❷ 오일을 두른 팬에 고기를 보슬보슬하게 구워요.
❸ 찐 고구마는 사방 3cm 크기로 깍둑썰기 합니다.
❹ 소스 재료를 한꺼번에 끓여 반 정도로 졸아들면 쇠고기, 고구마를 넣고 자작해질
때까지 졸이세요.

고기는 구운 상태로, 소스는
따로 냉장 보관했다가 먹기
직전에 조리면 원래 맛을 유
지할 수 있어요.

강정 재료
□ 다진 쇠고기 3T
□ 녹말 2T
□ 찐 고구마 ½개

소스 재료
□ 간장 1T
□ 아가베 시럽 1t
□ 마늘 1쪽
□ 육수 1컵

반죽 재료
- ☐ 다진 고구마 2T
- ☐ 다진 양파 2T
- ☐ 다진 쇠고기 2T
- ☐ 밀가루 5T
- ☐ 카레 가루 1t
- ☐ 식물성 오일 1T

나머지 재료
- ☐ 육수 적당량
- ☐ 식물성 오일 1T

고구마 요리 4

고구마카레전

쇠고기가 전에 들어가면 약간 느끼해지지 않을까 생각하면서, 후추 대용으로 카레 가루를 약간 넣어봤습니다.

생각보다 아주 훌륭한 맛이 나오더군요. 카레는 건강한 옐로 푸드의 대표 음식이죠.

근육을 이완시키는 데도 좋은 효과가 있다고 하니 생소한 카레는 이렇게 슬쩍슬쩍 먹여보자고요.

만들기는 이렇게

보관은 이렇게

❶ 반죽 재료를 모두 섞은 뒤 묽기를 조절하며 육수를 첨가해 반죽하세요.

❷ 오일을 두른 팬에 아기 한 입 크기로 굽습니다.

반죽 상태로 냉장 보관하세요.
보관은 2~3일 가능하답니다.

main 5
올바른 새우 이유식

새우의 효능

새우의 영양 성분 : 골다공증에 좋은 칼슘, 콜레스테롤을 낮추는 타우린,
성장 발육에 놓은 비타민, 면역력을 향상시키는 카로틴
함께하면 완전체 : 아욱, 버섯

손질

 **생새우** : ① 머리와 껍질을 제거해요. ② 옅은 소금물에 씻습니다. ③ 이쑤시개를 이용해 등쪽 두 번째 마디의 긴 내장을 제거하세요.

 **냉동 칵테일 새우** : 등의 내장이 제거된 것으로 구입하고(등이 반 갈라진 모양으로 고르면 됩니다). 요리할 때는 수분 조절이 어려우므로 찬물에 해동한 후 사용하세요.

새우 요리 1

새우스테이크

새우스테이크는 패스트푸드점에서 파는 슈림프버거의 패티 맛이 난답니다. 어른용으로 먹을 때는 식빵 두 쪽 사이에
양상추와 새우스테이크를 넣고 스테이크소스, 마요네즈를 뿌리면 건강한 패스트푸드가 완성되지요.

만들기는 이렇게

보관은 이렇게

❶ 두부의 물기를 뺀 후 칼등으로 두부를 으깹니다.

❷ 다진 새우에 레몬즙을 뿌려 새우의 비린내를 제거해요.

❸ 두부, 다진 새우, 다진 양파, 새우가루를 섞고 덩어리로 뭉쳐질
만큼 빵가루를 넣어 반죽합니다.

❹ 오일을 넉넉히 두른 팬에 중간 불로 구워요.

＊두부 물기를 뺄 때는 면포에 넣어 짜거나 키친타월로 눌러 닦으면 되고, 전자레인지 전
용 용기에 담아 3분 정도 돌려줘도 좋아요. 전자레인지에 돌리는 것이 가장 빠르고 편
한 방법인 것 같네요.

적당한 용기에 랩을 깔고 반죽을 꾹꾹 눌러 담아 랩으로 감
싸면 모양이 잘 잡혀 냉동 보관할 때 편리하답니다.

재료
- □ 다진 새우 10T
- □ 두부 1모
- □ 다진 양파 4T
- □ 새우가루 4T
- □ 빵가루 10T
- □ 레몬즙 약간
- □ 식물성 오일 3T

새우 요리 2

갈릭슈림프리소토

아기에게 마늘을? 놀라지 마세요. 스파게티나 리소토를 만들 때 대부분 마늘이 들어가는데,
마늘의 향은 거의 나지 않잖아요? 또 고기를 구워 먹을 때 구운 마늘을 먹어보면 매운맛이 거의 나지 않을뿐더러
고기 냄새를 잡는 데도 큰 역할을 하지요. 게다가 마늘을 볶아 넣으면 살짝 간간해져 간을 안 해도 좋답니다.

만들기는 이렇게

보관은 이렇게

❶ 오일을 두른 팬에 다진 마늘을 볶다가 나머지 소스 재료를 넣어 끓입니다.
❷ ①에 다진 새우를 넣고 자작하게 졸인 후 치즈를 넣으세요.
❸ 밥 위에 ②를 얹으면 완성입니다.

소스는 냉장 보관했다가 먹을 때 살짝 데워서 밥 위에 얹으면 됩니다.

기본 재료
□ 밥 ½공기
□ 다진 새우 3T
□ 아기 치즈 1장
□ 식물성 오일 2T

소스 재료
□ 다진 마늘 2t
□ 다진 사과 3T
□ 우유 5T
□ 아가베 시럽 1t

새우 요리 3

새우채소전

말캉말캉한 새우살이 제대로 씹히는 새우채소전입니다. 냉동 새우를 사용할 경우 새우의 비린내가 걱정된다면,
레몬즙 1t 정도에 해동한 새우를 잠시 절였다가 이용하세요. 비린내만 잡는 것이 아니라
이유식에 향긋함도 더해준답니다.

만들기는 이렇게

TIP

❶ 반죽 재료를 모두 섞은 뒤 묽기를 조절하며 육수를 첨가해 반죽하세요.
❷ 오일을 두른 팬에 아기 한 입 크기로 굽습니다.

냉동 채소 재료를 가장 빠르게 해동하는 방법은 체에 얹고 찬물을 끼얹는 거예요. 냉동 상태로 요리에 넣으면 수분 조절이 힘들어요.

반죽 재료
☐ 사방 2cm로 다진 새우 3T
☐ 다진 당근·호박·양파 2T씩
☐ 밀가루 5T
나머지 재료
☐ 육수(또는 물) 적당량
☐ 식물성 오일 1T

2 낮선 음식 단계별로 적응 시키기

입 짧은 저희 아기, 처음 보는 음식은 웬.만.해.선. 안 먹습니다. 주위의 또래 아기들이 카레를 먹는 걸 보고 신나게 만들어줬으나 예상대로더군요. 카레 향에 익숙해지게 하면서도 카레가 아닌 것 같은 요리가 필요했죠. 카레 가루를 슬쩍 넣은 스튜를 만들어 최초로 성공했습니다. 또, 닭 안심으로 치킨프라이를 만들면서 튀김옷에 카레 가루를 넣어보기도 했습니다. 풍미가 더 좋아진 덕분인지 세상에나, 카레가 들어갔는지도 모르고 잘 먹더군요. 어느 셰프님이 "신발을 튀겨도 맛있다"라는 명언을 하셨는데, 아기가 좀 크고 나서부터는 먹기 힘들어하는 재료는 튀기거나 부쳐서 주는 것도 괜찮은 방법인 것 같습니다.

한 TV 프로그램에서 나오는 유명한 아기들이 잘 먹는다는 도토리묵무침도 줘봤는데 처음 먹을 때는 역시나 낼름 뱉더군요. 그래서 잘게 잘라 김가루와 참깻가루를 듬뿍 뿌려줬더니 고맙게도 먹어줬습니다. 두부를 처음 먹여보았을 때는 입에 넣자마자 '퉤~' 하고 뱉어버리더군요. 두부는 꼭 먹이고 싶어서 밥 밑에 가려서 줘보았지만 입에 들어가는 순간 역시나 딱 골라내는 신공을 발휘했습니다. 경험상 서로의 신뢰를 위해서라도 요런 꼼수는 피해야 할 것 같습니다. 밥 좀 먹이려다가 양치기 엄마가 되면 안 되니까요. 새로운 음식에 적응하려면 최소 여덟 번은 그 음식에 노출이 되어야 한다는 통계가 있습니다. 처음 보는 음식을 안 먹는 이유는 씹는 느낌이 싫어서 일수도 있고, 향이 싫어서 일수도 있고, 생긴 모양이 싫어서 일수도 있습니다. 억지로 먹이거나 몰래 먹이지 마세요. 최대한 아기의 취향을 인정해주고 그 음식을 즐길 수 있는 분위기를 조성하세요. 또 시각적, 미각적 부분에서 단계적으로 차근차근 익숙해질 수 있도록 도와주는 것이 좋습니다. 여기서는 총 1~3단계로 새로운 음식에 접근하는 방법을 소개합니다.

딱딱해서 먹기 힘든 ● 오이와 당근 먹이기 1단계

부드러운 에그샐러드

"달걀이 없었다면 이유식은 어떻게 했을까?"라는 얘기를 종종 듣게 됩니다.

그만큼 달걀 요리는 손쉽고 영양가가 높다는 얘기지요.

어른들도 좋아하는 에그샐러드로 오이와 당근에 첫발을 떼어봅니다.

재료

□ 달걀 3개
□ 다진 오이 2T
□ 다진 당근 2T
□ 캐요네즈 1T(160쪽 참조)
□ 아가베 시럽 1t

❶ 달걀은 20~25분간 삶아 으깨세요.

❷ ①과 나머지 재료를 섞어 완성합니다.

딱딱해서 먹기 힘든 ● 오이와 당근 먹이기 2단계

새콤달콤한 피클

어른들이 중화 요리나 치킨을 시킬 때면 어김없이 단무지와 치킨 무에 달려드는 우리 아가들.
먹기 싫어하는 오이와 당근으로 단무지와 치킨 무의 신세계를 열어볼까 합니다.

❶ 오이와 당근을
아기 한 입 크기로
잘라 유리병에 담아요.
❷ 단촛물을 팔팔
끓입니다(월계수잎을
넣으면 더욱 좋아요).
❸ 뜨거운 단촛물을
①에 붓고 2일간
상온에서 숙성시킨 후
냉장 보관하세요.

재료
☐ 오이 2개
☐ 당근 1개
☐ 단촛물 적당량
(물 : 아가베 시럽 : 식초 = 2 : 1 : 1)

完료기 이유식

딱딱해서 먹기 힘든 ● 오이와 당근 먹이기 3단계

놀면서 먹는 채소스틱

아기들이 먹을 것에 가장 관심이 많은 시간이 언제일까요? 배고플 때? 맛있는 음식을 볼 때? 물론 맞습니다만,

가장 관심이 많이 갈 때는 엄마가 자신과 놀아주지 않고 요리에 집중하는 저녁 준비 시간입니다.

놀아달라고 치맛자락을 붙잡을 때, 하나씩 쥐어줘보세요.

재료
- ☐ 오이 1개
- ☐ 당근 1개

오이와 당근을 살짝
데쳐 아기가 한 손에
쥐기 쉽게 잘라
쥐어주세요.

몸에 좋은 ● 토마토 먹이기 1단계

부드러운 토마토소스

초등학생에게 가장 좋아하는 요리를 꼽으라고 한다면 뭐라고 대답할까요? 짐작하시겠지만 단연 피자가 1등입니다.

그만큼 토마토소스는 아이들에게 매력적이지요, 첨가물 많은 시판 소스보다 직접 만든 소스를 먹여보세요.

재료
- ☐ 토마토 3개
- ☐ 마늘 ½쪽
- ☐ 양파(작은 것) ½개
- ☐ 아가베 시럽 1T
- ☐ 올리브유 2T

❶ 토마토 끝에 십자로 칼집을 내어 데친 후 껍질을 벗깁니다.

❷ 오일을 두른 팬에 마늘과 적당히 썬 양파를 볶으세요.

❸ ①과 ②를 믹서에 갈아 뭉근히 끓인 후 아가베 시럽을 첨가합니다.

몸에 좋은 ● 토마토 먹이기 2단계

상큼한 토마토주스

토마토소스로 토마토의 맛을 알게 된 아기에게 본연의 맛을 좀 더 느낄 수 있게 상큼한 주스를 만들어 줘보세요.
먹일 때는 엄마 아빠도 같이 맛있게 마셔주는 것, 잊지 마시고요.

❶ 토마토 끝에
십자로 칼집을 내어
데친 후 껍질을
벗기세요.
❷ ①과 물을 넣어
믹서에 곱게 갑니다.

재료
☐ 토마토 1개
☐ 물 3T

몸에 좋은 ● 토마토 먹이기 3단계

웰빙 프라이드토마토

토마토는 열을 가했을 때와 올리브유와 함께할 때, 영양가가 가장 높아진다는군요.
한 입 가득, 프라이드토마토의 영양을 아기에게 선물하세요.

재료
☐ 토마토 1개
☐ 올리브유 2T

토마토를 아기 한 입 크기로 잘라 달군 팬에 올리브유와 넣고 볶습니다.
이때 자연스레 벗겨지는 껍질은 제거하세요.

완료기 이유식

물컹물컹한 ● 두부 먹이기 1단계

캐러멜 없는 캐러멜두부

물컹물컹한 식감 때문에 두부를 싫어하는 아기들이 많은데요, 이 캐러멜두부를 먹어본 아기들은 아마 두부 하면
'맛있는 것'으로 먼저 인식할 거예요. 먹이면서 "이건 두부~ 두부야~"라고 이름을 여러 번 강조하세요.

재료
- 두부 ½모
- 콩가루 2T
- 소스(아가베 시럽 1T + 물 1T)

두부를 아기 한 입의 ½ 크기로 잘라 콩가루에 굴린 후 마른 팬에
올려 살짝 굽다가 소스를 넣어 조리세요.

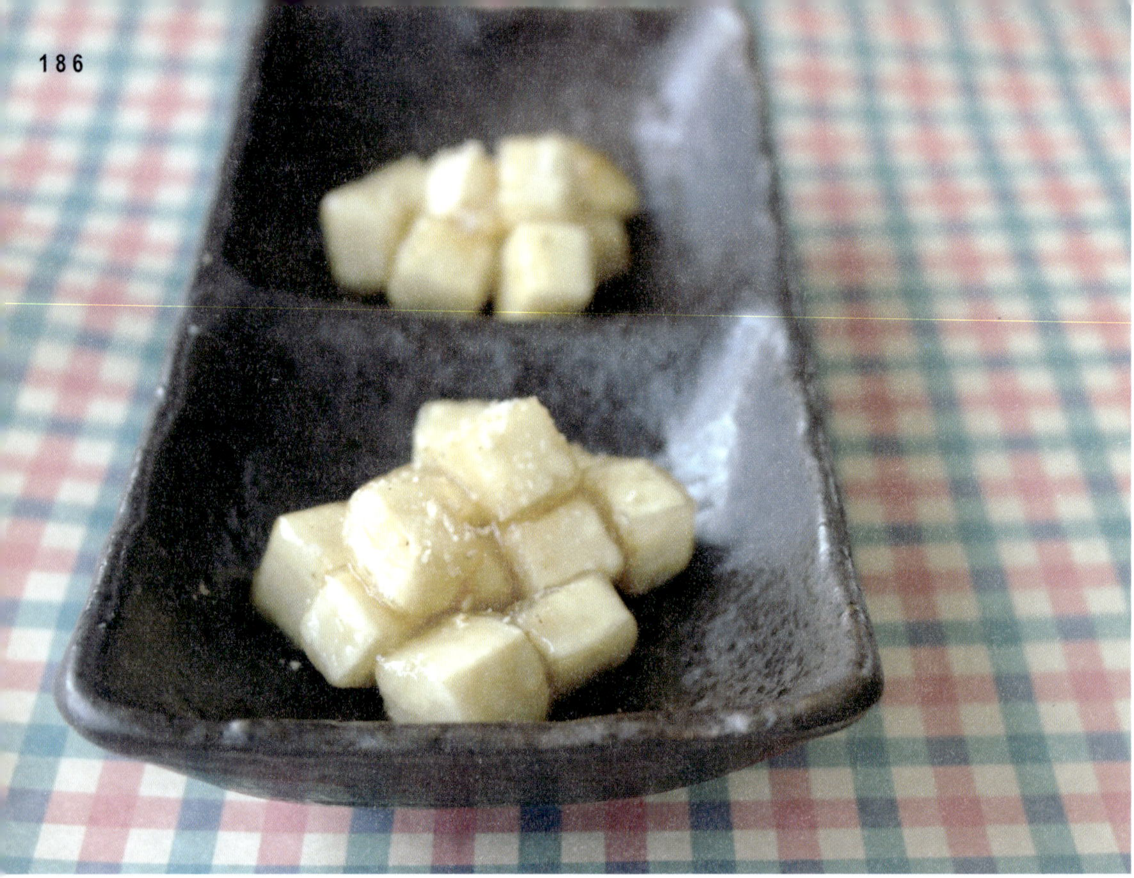

물컹물컹한 ● 두부 먹이기 2단계

고급진 일식 두부조림

이 두부조림은 일단 맛을 보면 두부로 만든 요리라는 사실이 믿기지 않을 거예요. 작지만 강한 녹말의 힘 덕분인데요. 저희 동네 일식집에 가면 이 두부조림을 1인당 손톱만 한 크기로 2개밖에 안 준답니다. 쩝쩝….

❶ 두부를 아기 한 입 크기로 잘라 녹말을 고루 묻혀요.
❷ ①을 오일 두른 팬에 노릇하게 구워둡니다.
❸ 팬에 소스 재료를 넣고 한소끔 끓이면 ②를 넣고 조려요.

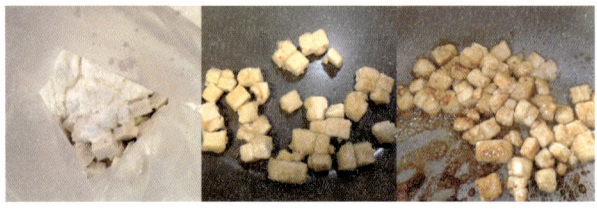

기본 재료

- ☐ 두부 ⅙모
- ☐ 녹말 2T
- ☐ 식물성 오일 2T

소스 재료

- ☐ 간장 1t
- ☐ 아가베 시럽 1t
- ☐ 참기름 1T
- ☐ 물 1T

물컹물컹한 ● 두부 먹이기 3단계

두부의 참맛, 치즈두부부침

두부의 단백질과 치즈의 단백질을 한꺼번에? 아기의 키를 키우려는 엄마의 과도한 욕심이 만들어낸 이유식입니다.

치즈가 간간해서 아기가 잘 먹어줬으니…. 욕심이 용서된 것이겠지요?

재료
- ☐ 두부 ⅙모
- ☐ 아기 치즈 ½장
- ☐ 식물성 오일 1T

❶ 두부를 아기 한 입 크기로 자릅니다.
❷ 오일을 두른 팬에 구워요.
❸ 두부 크기로 치즈를 잘라 위에 얹어요.

낯선 향기 ● 카레 먹이기 1단계

향긋하게 변신한 카레주먹밥

카레의 맛도 없다! 형체도 없다! 단, 향만 살아 있을 뿐….

'투 비 컨티뉴우….'

기본 재료
- ☐ 카레 가루 1t
- ☐ 아가베 시럽 1T
- ☐ 밥 ½공기
- ☐ 식물성 오일 1T

채소 재료
- ☐ 다진 감자·양파·당근 1T씩

❶ 오일을 두른 팬에 채소 재료를 모두 넣어 볶으세요.
❷ 오일을 제외한 나머지 기본 재료와 ①을 섞어 아기 한 입 크기로 만드세요.

낯선 향기 ● 카레 먹이기 2단계

매력 넘치는 카레러스크

이 이유식은 마늘빵의 레시피를 응용하여 만들어봤답니다.

달달하면서도 입속을 감도는 마지막 카레의 향이 참 매력적이네요. 우리 아기들도 카레의 향에 취해줄까요?

기본 재료
☐ 식빵 1장
소스 재료
☐ 카레 가루 1t
☐ 아가베 시럽 1T
☐ 올리브유 1t

❶ 소스 재료를 섞어 식빵에 바르세요.
❷ ①을 170℃ 오븐에서 5분간 굽거나 마른 팬에 소스 바른 면을
바닥으로 하여 약한 불로 구워요.
❸ 모양 틀로 찍으면 예쁜 러스크가 완성됩니다.

낯선 향기 ● 카레 먹이기 3단계

스튜의 변신은 무죄, 카레스튜

토마토스튜만 맛있는 게 아니에요. 우유와 고구마의 부드러운 맛과 카레의 풍미가 솔솔 느껴지는 스튜의 세계로 따라와보실래요? 아기가 이 단계를 무사히 넘겼다면 일반 카레라이스도 아마 거뜬히 먹을 겁니다.

❶ 오일을 두른 팬에 다진 마늘, 양파, 고기, 당근의 순서대로 추가하며 볶으세요.
❷ ①에 삶아 으깬 고구마와 카레 가루, 우유를 넣고 끓이면 완성입니다.

재료
☐ 다진 마늘 1t
☐ 다진 양파 2T
☐ 다진 쇠고기 3T
☐ 다진 당근 2T
☐ 삶아 으깬 고구마 5T
☐ 우유 1½컵
☐ 카레 가루 2t

텁텁한 ● 콩 먹이기 1단계

코…코…콩? 흰콩크림수프

고소한 맛이 일품인 흰콩크림수프, 카르보나라를 연상시키는 비주얼에
아기의 간단한 아침 식사로도 부족하지 않아요!

콩에 우유를 넣어 끓인 후 치즈를 얹고 녹으면
그릇에 담아 먹기 좋은 온도로 식혀 먹여요.

재료
- □ 삶아서 간 흰콩 5T
- □ 우유 5T(돌 전 아기는 분유나 모유)
- □ 아기 치즈 1장

텁텁한 ● 콩 먹이기 2단계

구수한 별미, 비지찌개

비지찌개에 김치를 씻어 넣으면 찌개 맛이 나지 않을 것 같고, 씻지 않고 넣자니 아기에게는
아직 부담이 될 것 같아 시도해봤어요. 향긋한 깻잎을 김치 대타로 들여보냈는데, 홈런 한 방 쳤네요.
밥에 슥슥 비벼 아기 한 입, 엄마 한 입 먹어보세요. 참, 엄마는 새우젓으로 간을 약간 하면 더 맛있게 먹을 수 있어요.

❶ 오일을 두른 팬에 마늘 ⇨ 고기 ⇨ 양파의 순서로 첨가하며 볶아요.
❷ ①에 육수와 간 흰콩을 넣으세요.
❸ ②가 끓으면 다진 대파와 깻잎을 올립니다.

기본 재료
☐ 다진 돼지고기 2T
☐ 육수 ½컵
☐ 삶아서 간 흰콩 ½컵
☐ 식물성 오일 1T

채소 재료
☐ 다진 마늘 1t
☐ 다진 양파 1T
☐ 다진 대파 1T
☐ 다진 깻잎 1t

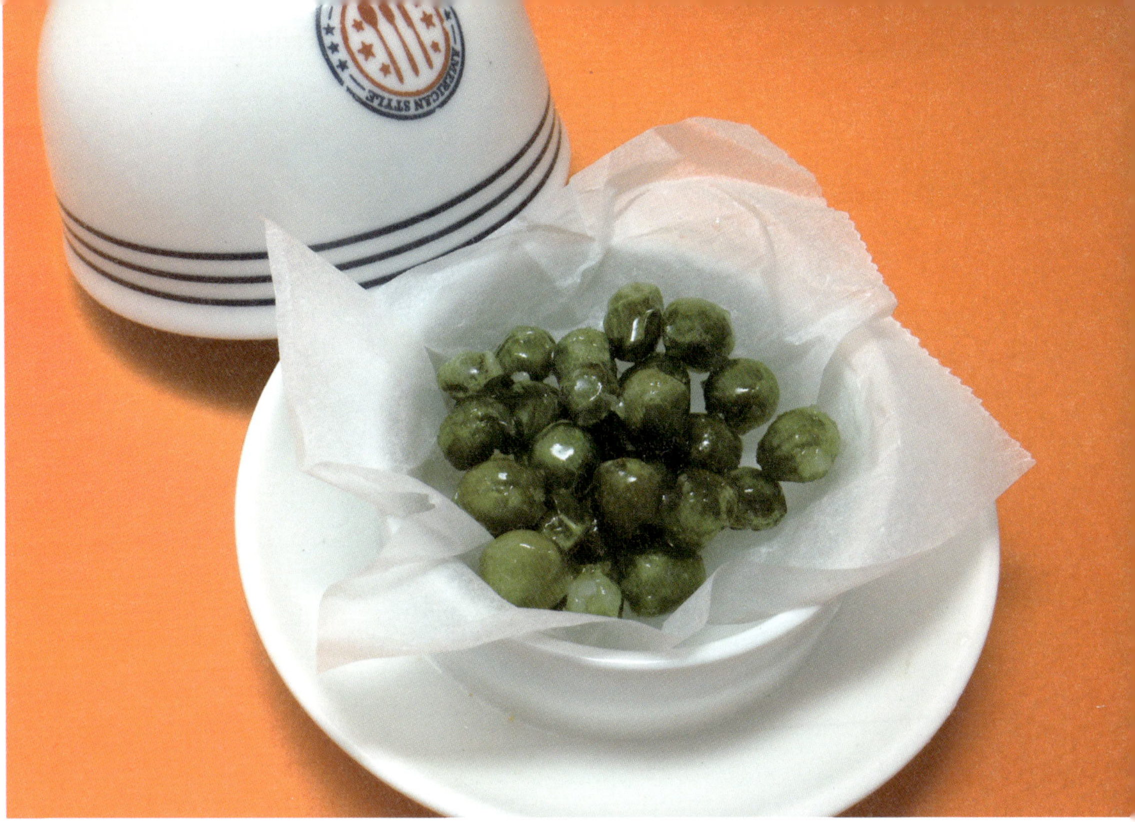

텁텁한 ● 콩 먹이기 3단계

'까까' 못지않은 완두콩강정

까까, 까까, 까까, 그 놈의 까까…. 까까를 알려준 후로는 그 이름을 가르쳐준 걸 후회하게 되었습니다.
어찌나 까까를 찾아대던지…. 완두콩강정은 까까 대용으로 아주 좋은 간식이에요.
콩의 생김새에 거부감을 가지지 않게 만드는 단계죠. 완두콩강정으로 시작해서 슬슬 완두콩밥으로 넘어가세요.

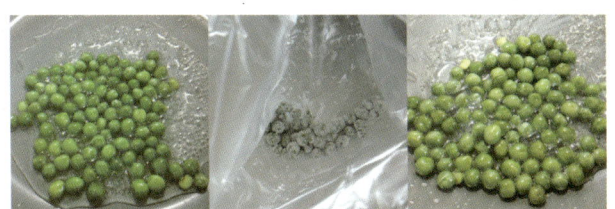

재료

☐ 완두콩 1줌
☐ 녹말 1T
☐ 아가베 시럽 1T
☐ 식물성 오일 4T

❶ 완두콩을 데친 후 껍질을 벗깁니다.
❷ 비닐봉지에 ①과 녹말을 넣어 흔들면 하얗게 옷이 입혀집니다.
❸ 팬에 오일을 넉넉히 두르고 ②를 튀기듯 볶다가 마지막에 아가베 시럽을 두르고 불을 끄세요.

질긴 ● 시금치 먹이기 1단계

아름답소 그대, 시금치감자전

미각 못지않게 시각에 엄청 예민한 우리 아기들,
"예쁜 전 먹고 더 예뻐지자~~ 그리고 파란 건 시금치란다. 호호."

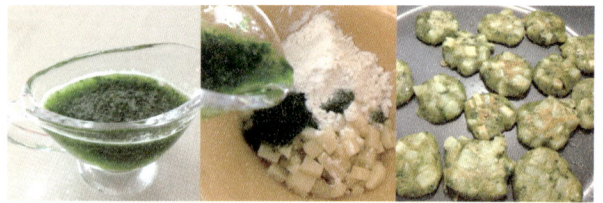

재료

- ☐ 시금치 4~5장
- ☐ 다진 감자 3T
- ☐ 다진 양파 2T
- ☐ 밀가루 3T
- ☐ 식물성 오일 1T
- ☐ 물 3T

❶ 시금치와 물 3T를 넣고 믹서에 갈아요.
❷ 밀가루, 감자, 양파를 ①과 섞어 반죽합니다.
❸ 오일을 두른 팬에 ②를 노릇하게 구워요.

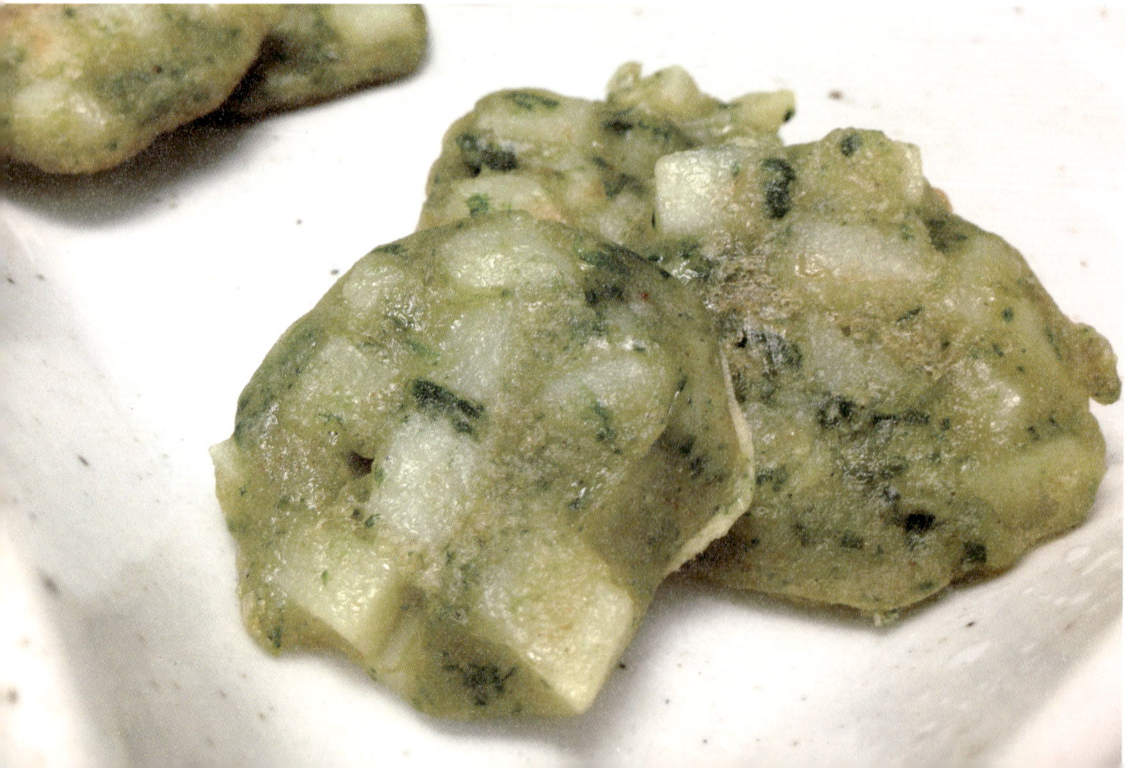

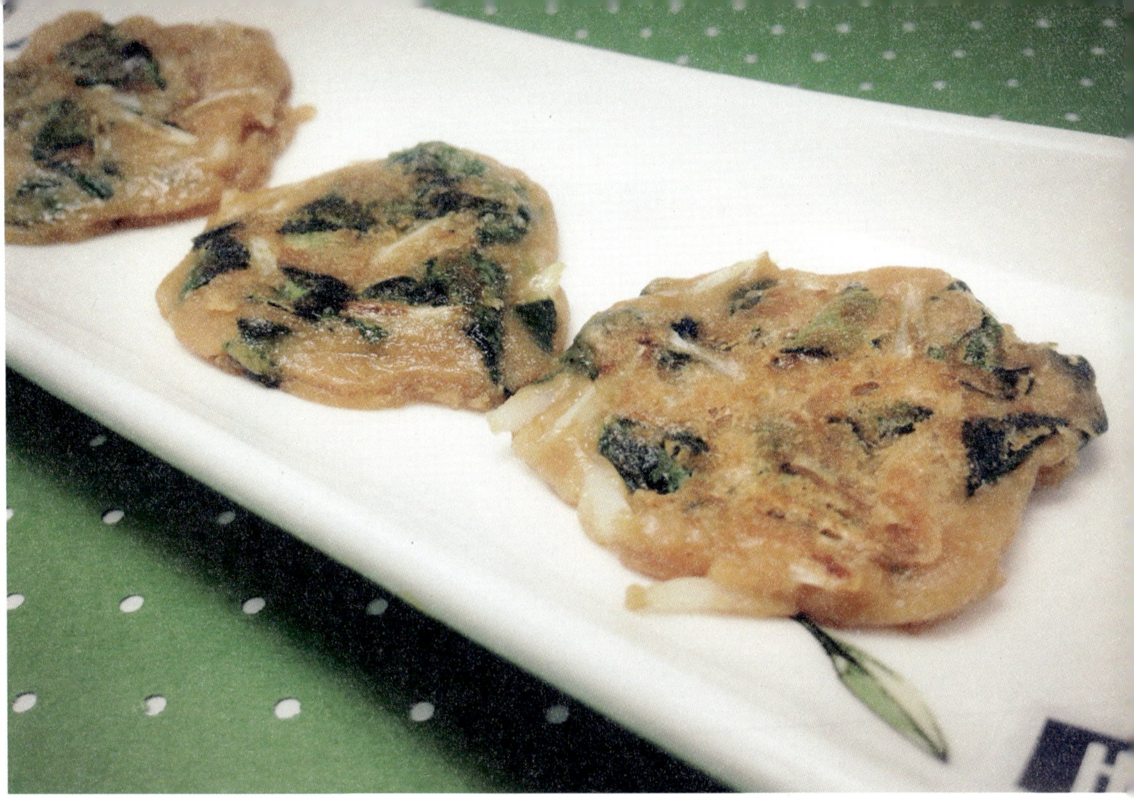

질긴 ● 시금치 먹이기 2단계

삼남매의 합창, 콩시콩시전

콩나물과 시금치, 콩가루. 삼남매가 합창을 합니다. "나 좀 먹어봐아~~." 콩나물의 식감과 콩가루의 고소함이 시금치를 맛있는 채소로 인식하게 해주겠지요? 여기서는 시금치의 입자를 조금 더 키웠습니다.

❶ 기본 재료를 모두 섞으세요.

❷ 농도를 봐가며 육수를 조금씩 섞어 반죽합니다.

❸ 오일을 두른 팬에 ②를 노릇하게 구워요.

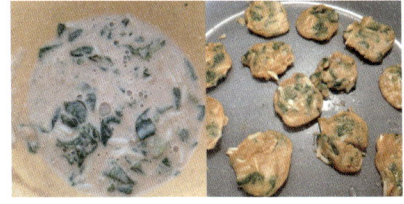

기본 재료

- □ 데쳐서 잘게 다진 콩나물 몸통 1T
- □ 사방 3cm 크기로 다진 시금치 1T
- □ 콩가루·밀가루 1T씩
- □ 육수(또는 물) 적당량

부재료

- □ 식물성 오일 2T

질긴 ● 시금치 먹이기 3단계

뽀까뽀까, 시금치잡채

엄마에겐 어렵게만 느껴지는 잡채, 하지만 아기들은 엄청 좋아하지요. 시금치와 콩나물만으로도 간단하지만
훌륭한 잡채를 만들 수 있어요! 라면보다 더 빠르게, 휘리릭 완성할 수 있지요. 수라상을 받으신 아기님은
잡채의 당면을 먹는 재미에 푹 빠져 자기도 모르게 시금치를 막 집어먹고 있을 겁니다.

기본 재료
☐ 당면과 콩나물 몸통 1줌씩
(쥐었을 때, 50원 동전 크기)
☐ 시금치잎 10장
☐ 식물성 오일 2T

소스 재료
☐ 간장 ½T
☐ 아가베 시럽 ½T
☐ 참기름 1T

❶ 찬물에 서너 번 헹군 당면, 콩나물, 시금치를 7cm 정도 길이로 자르세요.
❷ 끓는 물에 당면과 콩나물을 데친 후 건져둡니다.
❸ 오일 두른 팬에 당면, 콩나물, 시금치, 소스 순으로 넣고 시금치의 숨이
죽을 때까지만 볶으세요.

씹기 힘든 ● 고기 먹이기 1단계

한 옛날에, 궁중떡볶이

"오나라~오나라~" 질긴 고기가 부담스러운 아기에게 쫀득쫀득한 떡과 함께 부드러운 쇠고기를 먹여보세요.
떡 먹는 재미에 쇠고기를 먹고 있다는 사실도 모를 거예요.

❶ 떡볶이 떡은 2cm 길이로 썰어요.
❷ 오일을 두른 팬에 쇠고기 ⇨ 당근 ⇨ 떡 순서로 첨가하며 볶다가
소스 재료를 넣고 좀 더 볶아요.

기본 재료
☐ 떡볶이 떡 2개
☐ 다진 쇠고기 2T
☐ 다진 당근 1t
☐ 식물성 오일 1T

소스 재료
☐ 마요네즈 1T
☐ 간장 ⅓t
☐ 아가베 시럽 1t

씹기 힘든 ● 고기 먹이기 2단계

베이비 뉴요커, 치킨컵밥

흰색의 닭 안심과 흰쌀밥을 겹쳐놓으면 분간이 힘들겠지요? 아기에게는 미안하지만….
'엄마는 그렇게라도 먹여야겠단다.'

❶ 달걀을 풀고 우유를 섞은 후 팬에 오일(1T)을 두르고 볶아
스크램블드에그를 만듭니다. ❷ 다른 팬에 오일(1T)을 두르고 채소
재료를 볶다가 익으면 간장과 아가베 시럽, 물을 넣고 끓여요.
마지막에 참기름과 녹말물을 넣고 불을 끕니다.
❸ 컵에 밥 ⇨ 스크램블드에그 ⇨ 닭고기 ⇨ ②의 소스 ⇨ 다진 파를
순서대로 담아요.

기본 재료

☐ 익힌 닭 안심 2T
☐ 밥 ⅓공기
☐ 달걀 1개
☐ 우유 1T
☐ 다진 파 1T
☐ 식물성 오일 2T

채소 재료

☐ 다진 마늘 1t
☐ 다진 양파 2T

데리야키 소스 재료

☐ 간장 2t
☐ 아가베 시럽 1t
☐ 물 10T
☐ 녹말물 3t(녹말 1t + 찬물 2t)
☐ 참기름 1t

토실토실 아기돼지불고기

키위를 넣으면 연육 작용 덕분에 덩어리가 비교적 큰 돼지고기도 아주 부드러워진답니다. 비타민이 풍부하고
부드러운 돼지고기로 씹고, 뜯고, 맛보는 아기의 식사를 시작해볼까요?

❶ 얇게 썬
돼지고기를 소스에
1시간 이상 재워요.
토닥토닥~.
❷ ①을 구워 아기 한
입 크기로 자르세요.

기본 재료
☐ 돼지고기 50g
소스 재료
☐ 간장 1t
☐ 키위 즙 ⅛개분
☐ 아가베 시럽 1t
☐ 참기름 1t

3

같은 재료
다른 음식
다양한
맛 경험

아기가 완료기에 들어서고 나서 식비가 두 배로 들었습니다. 잘 먹어서 두 배가 아니라, 안 먹어서 버리는 바람에 두 배가 들었지요. 저희 아기는 먹기 싫은 음식은 심하게 얘기해서 '목에 길이 들이쇠도' 안 머습 ㅣ다. 아주 지조가 있습니다. 그래서 음식을 만들어줄 때면 항상 두근두근 합니다. '저거 뱉으면 어쩌지? 뱉어내면 다시 처음부터 다른 거 만들어줘야 하는데…' 하고요. 그래서 아예 세컨드, 서드 음식까지 만들어두기도 했다니까요. 언젠가 멸치 다시마 육수 내고 색깔별로 고명 만들고 난리법석을 하며 잔치국수를 해준 적이 있는데 그대로 뱉어버려서 진짜 한 대 콩 쥐어박고 싶은 걸 겨우겨우 참았습니다. 국수를 그대로 국수전으로 만들어서 주는 복수를 하긴 했지만요. 호호. 그 뒤로 무언가 작전이 필요하다는 생각이 들면서 아기의 먹는 패턴을 살펴보기 시작했습니다. 처음엔 생선을 구워만 줘도 잘 먹더니. 얼마 후에는 밀가루 옷 입혀 전을 만들어줘야 먹더군요. 다음번엔 전에 양념을 발라야 하나 싶었습니다. 고구마도 처음엔 그냥 쪄도 잘 먹지만 그 다음번엔 도리도리…. 남은 고구마를 어찌 하나 생각하다가 으깨서 고구마샐러드를 했지요. 그리고 으깬 김에 우유와 함께 갈아서 고구마라테를 만들고, 카스텔라 가루에 굴려 고구마볼을 만들고, 핫케이크 반죽과 함께 구워 붕어고구마빵을 만들었지요. 고구마전도 구워줬다가 그마저 안 먹으면 그대로 길게 잘라 김밥 재료로 사용하기도 했습니다. 뭔가 다른 음식이란 생각이 들었는지 그렇게 응용한 이유식은 잘 먹더라고요. 밥새우볶음을 참 좋아하기에 두어 번 줬더니 역시나 얼마 후 안 먹기 시작하더군요. 그래서 토르티야에 밥새우볶음을 토핑해 피자를 만들어줬지요. 같은 재료지만 응용해서 다양하게 만들어주는 과정이 엄마는 힘들었지만 아기가 잘 먹어주는 모습만으로도 충분한 보상이 되었답니다.

국수 응용 요리 1

잔치국수

재료

- ☐ 국수 1줌
- ☐ 달걀 1개
- ☐ 다진 애호박·당근 1T씩
- ☐ 닭 육수 적당량
- ☐ 깨소금 약간
- ☐ 식물성 오일 약간

❶ 국수는 ¼로 부순 다음 삶으세요.

❷ 달걀은 흰자, 노른자를 따로 부쳐 작게 자릅니다. 당근과 애호박도 작게 다져 오일 두른 팬에 볶으세요.

❸ 국수를 그릇에 담고 달걀, 당근, 애호박 고명을 얹은 후 닭 육수를 붓고 깨소금을 뿌립니다.

* 육수는 어떤 종류를 넣어도 좋습니다.

국수 응용 요리 2

먹다 남은 잔치국수전

재료
- ☐ 잔치국수의 고명 2T 정도
- ☐ 밀가루 2T
- ☐ 잔치국수 국물 3T
- ☐ 식물성 오일 1T

❶ 국수의 고명만 건져냅니다.
❷ 고명에 밀가루와 국수 국물을 섞어 반죽합니다.
❸ 오일을 두른 팬에 ②를 노릇하게 부칩니다.

국수 응용 요리 3

고소한 콩국수

❶ 삶아둔 국수를
그릇에 담아요.
❷ 연두부와 우유를
믹서에 갈아요.
❸ ①에 오이와
깨소금을 올리고 ②를
붓습니다.

기본 재료
- ☐ 삶은 국수 1줌
- ☐ 연두부 6T
- ☐ 우유 ½컵
- ☐ 다진 오이 1t
- ☐ 깨소금 약간

국수 응용 요리 4

색다른 국수피자

재료
☐ 삶은 국수 1줌
또는 먹다 남은 잔치 국수
☐ 토마토소스 2T(182쪽 참조)
☐ 아기 치즈 1장
☐ 달걀 1개
☐ 식물성 오일 1T

❶ 오일을 두른 팬에 삶은 국수를 올려요
(아기가 먹다 남은 잔치국수로 만들어 소심하게 복수하세요).
❷ 달걀을 풀어 ① 위에 붓습니다.
❸ 토마토소스와 치즈를 얹고 뚜껑을 덮어 약한 불에 올려 달걀이 다 익으면 꺼내세요.

밥새우 응용 요리

밥새우볶음

밥새우는 일반 새우보다 부드럽고 새우 향이 아주 고소한 재료입니다. 저희 아기가 무척 잘 먹는 반찬인데요,
굳이 이 반찬이 아니더라도 멸치볶음, 우엉조림, 쇠고기볶음 등 여러 가지 반찬에 응용해보면
좋을 것 같아 소개해드립니다.

기본 재료
- □ 밥새우 1줌
- □ 마늘종 3개
- □ 식물성 오일 2T

소스 재료
- □ 간장 1t
- □ 아가베 시럽 1t

❶ 밥새우는 한 번 씻어 짠 기를 날리세요.
❷ 마른 팬에 ①을 볶다가 수분이 날아가면 오일을 넣어 좀 더 볶습니다.
❸ 고슬고슬해지면 1cm 길이로 다진 마늘종과 소스를 넣어 섞으세요.

밥새우볶음밥

밥새우볶음 3T에
밥 ½공기를 추가하여
볶습니다. 취향에
따라 간장 ½t 정도
더 넣어도 좋아요.

밥새우 응용 요리 2

밥새우랩

재료
- ☐ 밥새우볶음 2T
- ☐ 토르티야 1장
- ☐ 꿀(또는 아가베 시럽 1T)
- ☐ 아기 치즈 1½장

❶ 토르티야의 반쪽에 꿀을 바르세요.
❷ 그 위에 밥새우볶음과 치즈를 올립니다.
❸ 반을 접은 후, 마른 팬에 치즈가 녹을 때까지 구워요.

밥새우 응용 요리 3

밥새우김밥

재료

☐ 밥새우볶음 1T
☐ 밥 ½공기
☐ 김밥 김 ½장
☐ 단무지·우엉 2개씩
☐ 캐요네즈 ½T(160쪽 참조)
☐ 참기름 1t

❶ 김을 ½로 자르고, 단무지는 물에 담가놓습니다.
❷ 밥을 참기름과 비벼 한 김 식힙니다.
❸ 김 위에 밥, 단무지, 우엉, 밥새우볶음, 캐요네즈를
올리고 돌돌 말아요.

참치마요 응용 요리

참치마요덮밥

언젠가 도시락 가게에서 유행했던 메뉴로 이 도시락을 사기 위해 새벽부터 줄을 섰던, 추억의 그 맛이
아련히 떠오르네요. 엄마의 추억의 맛을 아기에게도 소개해주며 슬며시 웃었답니다.
마요네즈 대신 아기용으로 만든 캐요네즈 또는 두부마요네즈(160쪽 참조)를 넣으면 더욱 좋습니다.

❶ 달걀을 풀고 양파를 넣어 오일을 두른 팬에 섞어가며 익혀
어니언 스크램블드에그를 만듭니다.
❷ 밥, 어니언 스크램블드에그, 기름 뺀 참치, 캐요네즈, 김가루 순으로 쌓으세요.
❸ 분량의 재료를 섞어 만든 소스를 끼얹습니다.

기본 재료

☐ 밥 ½공기
☐ 참치 1T
☐ 달걀 1개
☐ 다진 양파 1T
☐ 캐요네즈 1T
☐ 김가루 약간
☐ 식물성 오일 1T

소스 재료

☐ 간장 1t
☐ 아가베 시럽 1t
☐ 식초 1t

참치마요컵밥

참치마요주먹밥

단순히 접시에 놓은 것과 컵에 담은 것의 차이지만,
아기들은 다른 음식으로 인식합니다.
같은 음식을 먹기 싫어하는 아기의 시집살이를 사는
엄마들께 강력히 추천하는 방법입니다.

주먹밥은, 소근육 발달에도 좋지만
돌이 지난 아기들의 자립심을 기르는 데도
상당히 좋은 이유식입니다.
스스로 먹는 데 주먹밥만한 음식이 없지요.
비빔밥, 볶음밥, 덮밥을 골고루 섞어 주먹밥으로 뭉쳐주면
엄마와 아기 모두 즐거운 식사를 할 수 있답니다.
특히 시간이 없는 아침에 실랑이하기 싫을 때 좋은,
대표적인 효자 이유식입니다.

참치마요 응용 요리 3

참치마요밥푸딩

재료
- ☐ 참치마요덮밥 1그릇
- ☐ 식용유 1T
- ☐ 달걀 1개

❶ 달걀을 풀어서 참치마요덮밥에 넣습니다.
❷ 에스프레소 잔 크기의 컵 안쪽에 식용유를 바릅니다.
❸ ②에 ①을 넣고 전자레인지에 3~4분 돌리세요.

떡볶이 떡 응용 요리 1

떡국

떡볶이 떡 요리 2

시루떡꼬치

기본 재료 ☐ 떡볶이 떡 3개 ☐ 육수 1컵 ☐ 참기름 1t
고명 재료 ☐ 달걀 1개 ☐ 쪽파·김가루·깨소금 약간씩

❶ 떡볶이 떡은 2cm 길이로 썰어둡니다. ❷ 끓는 육수에
①을 넣어 익힙니다. ❸ 달걀은 흰자와 노른자를 따로 부쳐
마름모꼴로 썰어놓습니다. ❹ 쪽파는 1cm 길이로 썰어
육수에 살짝 데쳐놓습니다. ❺ 떡이 다 익으면 그릇에 담고
고명을 올리세요. 육수를 적당량 붓고 참기름을 넣습니다.

재료 ☐ 떡볶이 떡 3개 ☐ 볶은 콩가루 2T
☐ 아가베 시럽 1t(생략 가능)

❶ 떡볶이 떡을 살짝 데친 후 먹기 좋게 잘라 꼬치에 꽂아요.
❷ 아가베 시럽을 뿌립니다.
❸ 콩가루에 굴리세요.

떡라자냐

간장떡볶이

기본 재료 □ 떡볶이 떡 3개 □ 다진 쇠고기 2T
□ 식물성 오일 1T □ 토마토소스 2T(182쪽 참조)
□ 아기 치즈 1장
채소 재료 □ 다진 브로콜리 1T □ 다진 양파 2T

❶ 떡볶이 떡을 먹기 좋게 자릅니다.
❷ 오일을 두른 팬에 채소 재료와 고기를 볶아요.
❸ ② ⇨ 토마토소스 ⇨ ① ⇨ 치즈 순서로 올린 후
전자레인지에서 치즈가 녹을 정도로 돌립니다.

기본 재료 □ 떡볶이 떡 3개 □ 식물성 오일 1T
소스 재료 □ 간장 1t □ 아가베 시럽 1t □ 물 1T

❶ 떡볶이 떡을 먹기 좋게 잘라 오일을 두른 팬에 굽습니다.
❷ 떡의 표면이 바싹 익으면 소스 재료를 넣고 조리세요.

주먹밥 응용 요리

주먹밥

간단하고 쉽게 먹일 수 있는 게 주먹밥이죠. 아기와 모처럼 외출을 나간다거나 바쁜 아침 시간에 입안에 쏙쏙 넣어줄 수 있다는 것만으로도 큰 장점이고요, 다양한 주먹밥 레시피를 소개하니 응용해보세요.

재료
- ☐ 밥 ½공기
- ☐ 멸칫가루 1T
- ☐ 김가루 1T
- ☐ 참기름 1T

재료를 골고루 섞어 아기
한 입 크기로 뭉칩니다.

깨소금주먹밥

김가루주먹밥

기본 재료
□ 주먹밥 10개
□ 깨소금 1T

주먹밥을 깨소금에 골고루
묻히면서 굴리세요.

재료
□ 주먹밥 10개
□ 김 1장
□ 깨소금 1t
□ 참기름 1t

살짝 불에 구운 김과 재료를 모두 비닐봉지에 넣고 부수며
섞은 뒤 주먹밥을 굴리세요.

주먹밥 응용 요리 3

주먹밥강정

❶ 주먹밥을 밀가루에 한 번 굴린 후, 오일을 두른 팬에 구워두세요.
❷ 녹말물을 제외한 모든 소스 재료를 한꺼번에 끓이다가 마지막에 녹말물로
농도를 맞춥니다.
❸ ②에 ①을 넣고 잠시 졸인 후, 땅콩가루를 뿌리면 완성입니다.

기본 재료

☐ 주먹밥 10개
☐ 땅콩가루 1t
☐ 밀가루 1T
☐ 식물성 오일 약간

소스 재료

☐ 토마토케첩 1t
☐ 참기름 1t
☐ 아가베 시럽 1t
☐ 물 5T
☐ 녹말물(녹말 1t + 물 2T)

주먹밥 응용 요리 4

달걀소보로주먹밥

기본 재료
☐ 주먹밥 10개
☐ 달걀 2개

❶ 달걀을 삶아 노른자만 체에 내려요.
❷ 곱게 나온 달걀가루에 주먹밥을 굴립니다.

닭채소볶음 응용 요리

닭채소볶음

집집마다 힐링 푸드, 하나씩 있지요? 우리 가족은 닭고기를 정말 좋아합니다. 힘든 일이 있을 때,
말없이 치킨을 주문하는 걸로 서로의 마음을 읽어주곤 하는데요, 우리 아기도 닭고기는 정말 좋아합니다.
특히 이 닭채소볶음은 만드는 냄새만 맡아도 좋아했지요. 반전 없이 한 끼만 딱 먹어주는 건 어쩔 수 없지만요.

기본 재료
- □ 사방 2cm로 깍둑썰기한 닭 안심 80g
- □ 물 3컵
- □ 마늘 2쪽
- □ 굵게 다진 감자 3T
- □ 잘게 다진 양파·파프리카 1T씩

소스 재료
- □ 간장 1t

❶ 물 3컵에 닭과 마늘을 넣어 삶으세요.
❷ 닭이 익으면 육수를 2T 정도만 남기고 따라내세요. 마늘도 건져냅니다.
❸ 준비한 채소와 소스 재료를 ②에 함께 넣고 볶으세요.

닭채소볶음 응용 요리 1

치킨베이크

닭채소볶음과 나머지 재료를 모두 섞어 반죽한 후 170℃ 오븐에서 40분 정도
익히세요. 아기가 좋아하는 채소를 더 넣으면 좋아요.
저는 아기가 좋아하는 파프리카를 1T 정도 더 넣어 향을 더했답니다.

재료

- ☐ 닭채소볶음 2T
- ☐ 달걀 1개
- ☐ 밀가루 3T
- ☐ 베이킹파우더 ⅓t
- ☐ 토마토소스 1T(182쪽 참조)
- ☐ 아가베 시럽 1t
- ☐ 식용유 1T

닭채소볶음 응용 요리 2

아기 찜닭

기본 재료
- ☐ 닭채소볶음의 닭 4T
- ☐ 물 1컵
- ☐ 간장 1t
- ☐ 아가베 시럽 1t
- ☐ 마늘 2쪽

부재료
- ☐ 참기름 1t
- ☐ 소면 ¼줌(선택 사항)

❶ 닭채소볶음에서 닭만 빼서 결대로 찢어둡니다.
❷ 닭을 제외한 기본 재료를 모두 합해 끓이세요.
❸ 마늘 향이 나면 ①을 넣고 좀 더 끓이다가 참기름을 넣습니다.
＊닭고기는 아주 잘게 찢으세요. 아기가 먹기에 약간 간간할 수 있어요. 찜닭 국물에 소면을 말아주면 아기가 정말 잘 먹는답니다.

완료기 이유식

닭채소볶음 응용 요리 3

치킨프리타타

재료
- ☐ 닭채소볶음 2T
- ☐ 달걀 1개
- ☐ 아기 치즈 1장
- ☐ 식물성 오일 1T

❶ 닭채소볶음을 오일을 두른 팬에 볶으세요
(이때 브로콜리 등 원하는 채소를 더 넣으면 좋아요).

❷ 달걀을 풀어서 ①에 그대로 부어 약한 불에 익히세요.

❸ 다 익어갈 때 즈음 치즈를 얹고 뚜껑을 덮어 치즈를 녹입니다.

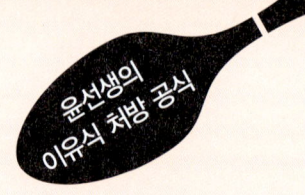

4

굶어 죽겠다는 투지의 아기에게

무슨 수를 써도, 어떤 음식을 바쳐도, 끝없는 협박과 회유에도 끝내 굶어 죽겠다는 투지로 먹지 않는 아기를 둔
엄마들…. 고생 많으십니다. 식당마다 '뽀통령'이 위엄을 자랑하고, 고사리 같은 손에 손에 들려 있는 스마트폰….
아닌 걸 알면서도 신경전 벌이기 싫은 그 마음 다 이해합니다. 하지만 두 돌 이전의 아기에게 동영상을 자주 보여주면
ADHD에 걸릴 확률이 두 배 이상 높아진다는 학계의 발표를 무시해버리기엔 우리 아기는 너무 소중합니다.
제가 시도해서 효과를 본 몇 가지 방법을 알려드리려고 합니다.

잘 먹을 수 있는 환경을
만드세요

우리 아기는 엄마, 아빠보다 양가 할아버지를 더 좋아합니다. 울 때도 "할비~" 하면서 울고, 잠꼬대도 "할비~" 하면서
웃으면서 잡니다. 어느 날 할아버지 댁에 갔는데, 무슨 수가 틀렸는지 원래 잘 먹던 콩나물무침을 안 먹는 겁니다. 그날
은 저도 피곤해서 '먹기 싫음 말자' 하고 있었는데 **할아버지**가 먹여주니까 "**앙~**" 하고 먹더라고요. 순간 배신감에 한번
흘겨보게 되더군요. 데이트할 때 먹는 음식이 제일 맛있듯이, 입 짧은 아기도 좋아하는 사람과 먹는 음식은 맛있게 느껴
지나 봅니다. 음식 먹기를 힘들어하거나 새로운 음식에 도전할 때, 아기가 **좋아하는 사람**과 함께하거나 **좋아하는 장소**에
데려가는 등 마음이 편안한 환경을 만들어주는 것도 좋은 방법인 것 같습니다.

아름다운 음식을
준비하세요

식당에서도 멋진 요리를 가져온 후에 종업원이 서서 가위로 잘라주는 이유는, 가위로 잘라서 가져온 음식은 아름답지 않기 때문이겠죠. 아기들 역시 아름다운 음식을 좋아합니다. 입이 작다고 해서, 뭘 알겠느냐 해서 미리 잘라서 가져다주는 것은 좋지 않습니다.

언젠가 떡국을 끓였는데 아기 입에 맞게 준다고 작게 잘라서 가져갔습니다. 강아지 죽처럼 된 떡국을 보는 순간 고개를 핵 돌려버리는 것을 보고 깨달았습니다. 그 후로는 떡국 떡을 넣지 않고 **떡볶이 떡을 한 입 크기**로 썰어 넣는 센스를 발휘하고 있지요. 부서진 달걀보다는 메추리알을 주는 것도 같은 맥락입니다. 어쩔 수 없이 큰 사이즈로 만들었다면 식당에서처럼 먹기 직전에 눈앞에서 작은 가위로 잘라주면 됩니다.

주먹밥도 마찬가지입니다. 배고파하는 것 같아서 얼른 주려고 밥을 비벼 와서 눈앞에서 뭉쳐주니 먹지 않겠다고 합니다. 다 뭉쳐서 **예쁘게 담아가면** 접시를 보자마자 "빱~빱~(밥~밥~)" 하면서 달라고 했고요. 이건 팁인데요. 주먹밥이 예쁘지 않게 만들어졌을 때는 깨소금이나 김가루에 굴려버리는 것이 진리입니다.

식기류를 다양하게
준비하세요

우리 아기는 분유를 끊는 순간부터 생**우유**는 한 방울도 입에 대지 않았습니다. 여러 병원을 찾아다녔지만 의사 선생님들도 밥만 잘 먹으면 괜찮다고 하셔서 두고 보기는 했습니다. 하지만 주위에서 꿀꺽꿀꺽 우유를 병째로 '원샷' 하는 아기들을 보면 조바심이 나는 건 어쩔 수가 없었지요.

그러던 아기가 '뽀통령 **컵**'을 사주는 순간부터 우유를 먹기 시작하는 겁니다. 물론 벌컥벌컥은 아니지만 한 방울도 입에 대지 않던 때에 비하면 '유레카~' 그 자체였지요!

어린이집에 다니는 아기들은 어린이집처럼 **식판**에 밥을 주면 잘 먹는다고 합니다. 공부하기 싫은 아이가 자신이 원하는 책상을 사주면 좀 앉아 있기라도 하는 거랑 비슷하다고나 할까요? 숟가락, 포크, 그릇, 컵, 맘마 의자…. 밥 한 숟갈만 먹어준다면 그 정도야 기꺼이 '내 옷 한 벌 안 사 입지' 하고 덥석 사게 되지 않던가요?

'스스로'가
관건입니다

스스로 오기 우리는 아기가 놀면서 식사를 하지 않으려고 하면 그대로 두고 다른 식구들이 먼저 식사를 했습니다. 이때 어른들은 밥을 먹는다기보다는 밥 먹는 걸 보여준다는 게 더 맞는 말일 것 같네요. '소개팅 할 때 이렇게 먹으면 큰일나겠군' 하는 생각이 들 정도로 아주 심하게 짭짭거리면서 "맛있다, 맛있다" 연발하며 먹는 겁니다. 그러면서 아기에게 배 안 고프냐고 물어보면 힐끔힐끔 보다가 슬금슬금 다가오곤 하지요. 아기들은 돌이 지나면 말귀를 대부분 다 알아듣거든요. 스스로 오게 하는 것이 관건입니다. 펭귄과 놀고 있었다면 펭귄이랑 같이 먹이면 되고, 자동차랑 놀고 있었다면 자동차도 데려오면 됩니다. 억지로 떼놓고 앉히면 하던 놀이에 마음이 가 있기 때문에 짜증만 내다가 밥을 엎어버리기 일쑤고, 그렇게 엄마랑 얼굴 붉히다가 식사 시간이 끝나는 것이 대부분이거든요.

스스로 씹기 아기가 자기주장이 강해지는 시기가 되면(완료기 이상의 월령) 소심한 반항으로 밥을 입에 물고 삼키지 않을 때가 있습니다. 이런 경우에는 억지로 닦달하지 말고, 밥을 삼켜야 발음할 수 있는 단어를 따라 하도록 유도해보세요. "짭〜짭〜", "땅〜땅〜" 같은 단어는 입에 밥이 있는 상태에서는 발음이 힘들거든요. 참고로 이런 단어를 발음할 때는 리드미컬하게 하거나 율동을 함께 해서 아기들이 재미있어 하고 따라 하고 싶게 만드는 것이 중요합니다. 짧은 말을 배우기 시작하는 이맘때의 따라쟁이 아기들에게 잘 맞는 방법이라고 생각합니다.

아기의 본능을
믿어주세요

앞서 관찰했던 안 먹는 아기의 특징들을 기억하시나요. 한 가지 음식만 먹으려 하고, 몸에 좋다는 음식은 내던져버리고…. 이 모습을 보면서 엄마는 행여 저러다 영양 불균형이 오면 어쩌나, 안 크면 어떡하나 많은 고민을 하게 됩니다. 하지만 **'자신이 스스로 선택한 것만큼 최적의 식단은 없다'**는 사실을 하나 기억할 필요가 있을 것 같습니다. 임신 중에 어떤 음식이 당긴다면 그 영양소가 부족하다는 것을 알리는 몸의 신호임은 익히 알고 계실 겁니다. 아기도 마찬가지입니다. 아기가 무엇을 얼마나 먹어야 하는지 엄마가 정하려고 하는 것은 잘못된 생각입니다. 다만, 엄마가 꼭 해야 할 중요한 역할은 아기가 그렇게 골라 먹는 음식들을 좋은 것, 건강한 것으로 식탁에 깔아주는 것이지요. 그래도 안 먹는데 어떻게 마냥 내버려둘 수 있느냐 하는 걱정이 앞선다면, 가장 확실한 안전장치를 이용하세요. 하루에 아기의 식사 시간을 간식까지 합하여 총 5회로 명확하게 정해두는 겁니다. 아기가 먹지 않으면, **"먹고 싶지 않아? 그러면 안 먹어도 돼"**라고 말하세요. 그리고 30분 후에 아기가 배고프다는 신호를 보내면 다시 이렇게 말해주는 겁니다. **"다음 식사 시간까지 기다려."** 올바른 식사 습관을 갖도록 유도하면서 오랜 시간 굶지 않도록 하는 이 '식사 시간' 장치를 이용한다면, 엄마의 마음도, 아기의 몸도 더 이상 힘들지 않을 것입니다.

참고. 1982년 클라라 데이비스라는 의사가 실험을 했습니다. 고아인 7~9개월 사이의 남자 아기 세 명에게 여러 가지 음식을 주고 스스로 먹고 싶은 음식을 골라 먹도록 하는 실험이었는데요. 6개월 후, 3명의 아이는 모두 양호한 건강 상태를 보였다고 합니다. 3명의 아이는 모두 자신에게 필요한 음식의 종류와 적정량을 스스로 선택했던 거지요.

이 실험의 결과가 말해주듯, 건강한 사람은 자신에게 맞는 최적의 식단을 스스로 선택할 수 있게끔 태어났습니다.

동영상 같은
책읽기

해도 해도 도저히 안 될 때에는 동영상 같은 책읽기가 답입니다. 출산 준비를 하면서 읽은 책에 이런 말이 있었습니다. "과도한 영상물에 노출된 아이들은 엄마와의 불안정 애착, 자폐적 성향, 언어 발달의 지연, 정서 조절 문제 등의 증상이 심각하게 나타난다. 두 돌이 되기 전, 과도한 TV 시청은 집중력 결핍과 비만 등 상당한 부작용을 낳을 가능성이 크다. 만 3세 이전 아이들의 TV 시청 시간이 1시간씩 늘어날 때마다 ADHD 발생 위험이 10%씩 증가한다." 이런 연구 결과를 보고 절대로 동영상은 보여주지 않으려 했습니다. 식당에 가면 스마트폰으로 동영상을 보면서 밥을 먹는 아기들이 꽤 많은데 볼 때마다 안타까웠지만 저렇게라도 잘 먹으면 얼마나 좋을까 하는 생각이 드는 것도 사실이었습니다. 마음속에서 천사와 악마가 수천 번 갈등을 했으나 역시 '아닌 건 아니다'라는 결론을 내리고 택한 것이 **동영상 같은 책읽기**입니다. 아기와 눈을 맞추고 1인 5역을 하며 실감나게 책을 읽어주면, 엄마의 얼굴을 감상하느라 들이미는 밥숟갈을 인식하지 못하는 것 같더라고요. 또, 우리 아기는 책 중에서도 〈나도 나도 먹을래요〉라는 책을 읽으며 밥 먹는 걸 좋아하는데, **책에 나오는 밥상과 실제 자기 밥상**에 똑같은 반찬이 있으면 같은 거라고 좋아하면서 먹기도 했습니다. 물론 이 방법은 밥맛을 제대로 음미할 수는 없겠지만 우리 아기처럼 굶어 죽겠다는 투지로 안 먹는 아기들에게는 **가끔 필요한** 방법 같습니다. 게다가 다른 아기들은 일부러 하루에 책을 몇 십 권씩 읽어주면서 책을 좋아하게 만드는 '**책 육아**'가 열풍이라는데 시간도 아끼고 일석이조인 셈이죠. 한 끼를 먹일 때면 열 권 이상을 읽어주게 되는데, 경험상 이 정도 독서량이면 아기가 책을 좋아하게 되는 데 긍정적인 영향을 미치는 것 같습니다. 우리 아기는 장난감과 책이 있으면 책을 먼저 집어 드는데, 정말 기특하다 싶다가도 밥 먹이려다가 생긴 습관이라는 것을 생각하면 '웃프기도' 하더군요.

PART 6

유아식

(13개월 이후~유치원생까지)

● 윤선생의 이유식 처방 공식 5 .. 입 짧은 아기 대처법
♥ 윤선생의 이유식 처방 공식 6 .. 아기 뱃고래 늘리기
● 윤선생의 이유식 처방 공식 7 .. 아빠 반찬 따라잡기
♥ 윤선생의 이유식 처방 공식 8 .. 까까인듯 간식 같은 한 끼

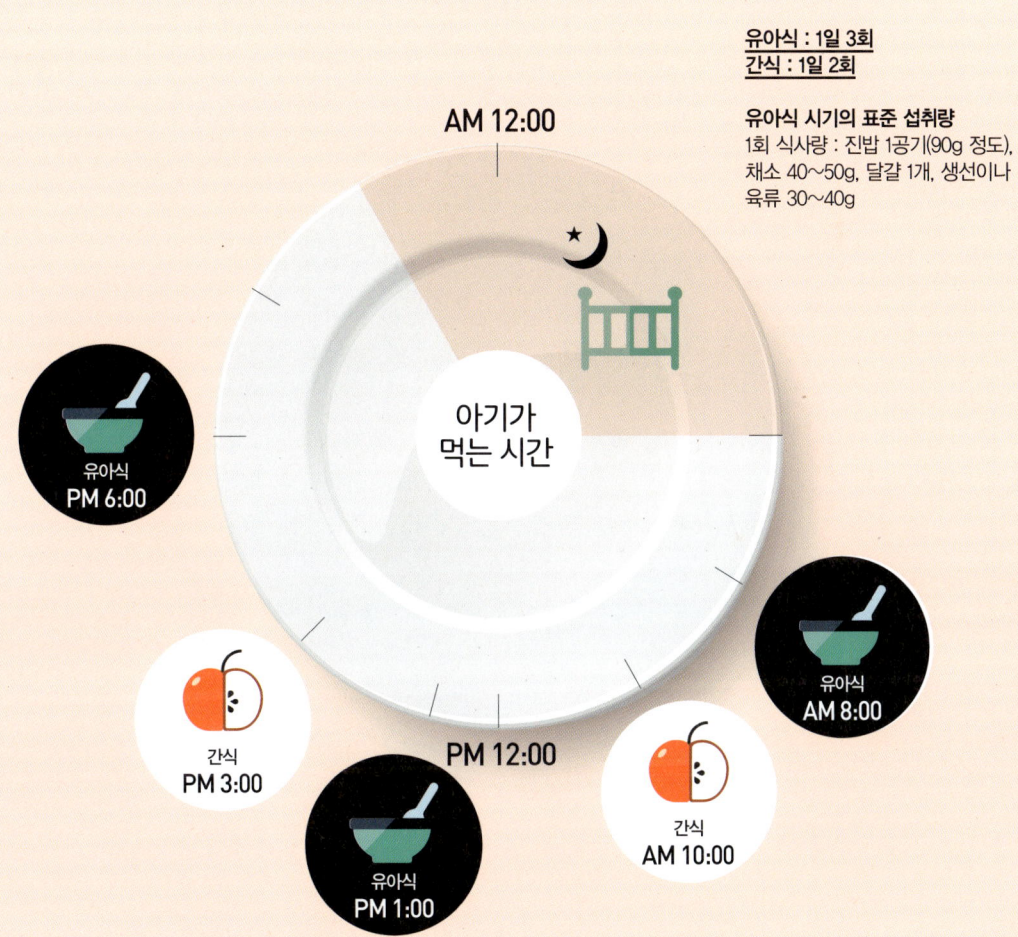

유아식 : 1일 3회
간식 : 1일 2회

유아식 시기의 표준 섭취량
1회 식사량 : 진밥 1공기(90g 정도),
채소 40~50g, 달걀 1개, 생선이나
육류 30~40g

AM 12:00

아기가
먹는 시간

유아식
PM 6:00

간식
PM 3:00

PM 12:00

유아식
PM 1:00

간식
AM 10:00

유아식
AM 8:00

유아식

● 한 가지 종류의 음식에서 드디어 밥과 반찬으로 넘어가는 시기입니다. 돌 정도까지(완료기)는 멸칫가루나 새우가루 등으로 풍미를 주는 선에서 최소한의 간으로 조절해왔는데요, 유아식에 들면서 서서히 간을 시작해도 좋습니다. 보통 소금이나 간장을 쓰는데요, 소금은 가능한 한 미네랄이 많은 천일염으로 사용하도록 하세요. 저는 소금과 고소한 깨를 넣어 깨소금을 만들어놓고 사용하고 있습니다. 간장은 일반 간장을 쓰고요. 근래 많이 쓰는 맛간장도 좋습니다. 간은 아이에게 짜지 않도록 입맛에 따라 조절해주세요.

● 깨소금 만드는 법은 이렇습니다. 팬에 천일염을 넣고 약한 불에서 보슬보슬해질 때까지 볶다가 뜨거워지면 절구에 넣어 곱게 빻거나 믹서에 갈아둡니다. 깨는 검은깨나 참깨를 팬에 넣고 약한 불에서 흔들어가며 볶은 후 천일염을 빻은 절구나 믹서에 넣고 자연스럽게 소금과 섞이도록 빻으면 됩니다. 이렇게 만들어 밀폐 용기에 보관하면 한 달 정도는 사용가능합니다.

● 이 시기에는 밥과 반찬 한두 가지(때에 따라 국 한 가지 정도 추가)면 충분한 한 끼가 됩니다. 단, 단백질류와 채소류가 한 가지 이상 포함될 수 있도록 식단을 짜세요.

● 이 시기부터는 밥으로 하루의 영양을 모두 채울 수 있도록 밥의 양을 차츰 늘리고 분유나 모유는 서서히 끊는 것이 좋습니다.

● 아기가 식구들의 밥상에 함께할 수 있도록 해주세요.

● 먹기 싫어하는 아기라면 여러 가지 음식을 보여준 후, 스스로 선택해서 그 음식이라도 잘 먹을 수 있게 합니다. 안 먹는 것보다는 먹고 싶은 걸 먹게 하는 것이 중요하다는 것은 전문가들의 공통적인 의견입니다.

● 되도록 다양한 맛과 질감과 모양의 음식을 주어 아기가 먹고 싶은 마음이 들 수 있도록 배려합니다.

● 돌이 지난 시점이면 아기는 대부분의 말을 이해할 수 있습니다. 동화책이나 장난감을 이용하거나 부모님이 맛있게 먹는 모습을 보여주면서 먹고 싶은 마음이 들게 해주세요.

● 아직 어른과 같은 식단을 짜기에는 무리입니다. 하지만 간만 약하게 한다면 충분히 어른과 아기의 음식을 같이 만들 수 있지요. 같은 재료를 준비하되, 간을 하기 전에 아기용으로 덜어두고 작게 잘라서 주면 편합니다.

● 유아식에서 소개한 레시피에서 간은 36개월까지는 최대한 지켜주시고, 그 이후부터는 양을 조금씩 늘려주시되 아이의 먹는 상황과 건강한 입맛을 길러주기 위해 서서히 조절하여 주면 됩니다.

5
입 짧은
아기
대처법

아기의 입맛이란 정말 종잡을 수가 없습니다. 어느 때는 밥만 먹다가 어느 순간 반찬만 먹습니다. 언젠가는 전 같은 부침 음식만 먹어서 모든 재료를 전으로 만들어준 적도 있습니다. 전의 재료에는 채소나 고기는 물론이거니와 밥이나 국수, 쌀, 과일까지 넣어봤습니다. 그러나 부침개의 역사에 한 획을 긋는 건가 싶은 순간이 오면 어느 순간 전은 절대 먹지 않습니다. 이번에는 밥만 먹습니다. 이젠 뭐 '그 정도쯤이야' 하며 반찬을 밥에 섞어서 볶음밥, 비빔밥, 덮밥, 리소토 등을 만들어줍니다. 그렇게 몇 번 먹더니 그다음엔 약아져서 맨밥만 먹더군요. 아기들은 시각이 중요하기 때문에 밥과 비슷한 색깔의 재료(익힌 닭고기, 물기 없앤 두부, 찐 흰살 생선, 볶은 양파, 으깬 감자, 삶은 양배추다짐 등)를 아주 잘게 다져 섞어서 맨밥처럼 주었습니다. 하지만 곧 또 어느 순간이 되면 반찬만 먹더라고요. 그래도 '이건 좀 낫네' 하면서 밥강정, 밥을 넣은 크로켓, 밥 대신 탄수화물을 보충할 수 있는 재료로 반찬을 만들어주었습니다. 어휴~.

이런 이유로, 음식을 뱉어낼 때면 "이번엔 뭐지, 반찬 시즌인가, 밥 시즌인가" 혼자 구시렁대며 한 끼에 서너 번씩 다른 종류로, 그때그때 다른 아기가 꽂히는 음식을 찾기 위해 상을 차리곤 했었지요. 암튼 흰머리가 팍팍 늘었습니다.

아기 아빠가 어렸을 때, 너무 입이 짧아서 시어머니께서 고생하셨다는 얘기를 들었는데, 우리 아기도 아빠를 닮아서 어쩔 수 없는 것 같습니다. 감기에 걸려보면 입맛 없는 것이 얼마나 괴로운지 알게 되는데, 입 짧은 아기도 스스로 괴롭지 않을까 하는 생각을 해봅니다. 먹기 싫은데 윽박지르고, 숟가락을 입 앞에 들이대고, 입에 물고 있다고 혼내고…. 물론 엄마의 입장에서는 안쓰러워서 그러는 거지만 아기는 먹기 싫은 밥을 주며 자신에게 화내는 엄마의 모습이 얼마나 싫을까요. 먹기 싫은 음식 억지로 먹이지 말고, 먹겠다는 음식 요령껏 주는 게 엄마나 아기의 정신 건강에 서로 좋은 것 같습니다.

밥만 먹는 아이에게

맨밥인듯 맨밥 아닌 밥

맨밥 1 두부맨밥
물기를 없앤 두부를 으깨어
밥과 비빕니다.

맨밥 2 치킨맨밥
닭 살코기를 삶아 아주 잘게 다진
후 밥과 비빕니다.

맨밥 3 물고기맨밥
갈치나 가자미 등의 흰살 생선을
굽거나 쪄서 살만 발라 밥과
비빕니다.

맨밥 4 감자맨밥
감자를 삶아서 으깬 후에
밥과 비빕니다(고구마, 밤 가능).

맨밥 5 양파맨밥
다진 양파를 팬에 볶아 익힌 후에
밥과 비빕니다.

knowhow

'재료를 섞은 밥'을 줄 때는 식판의 반찬 놓는 곳에 다른 반찬도 조금씩 올려서 주세요. 색깔 대비가 되어서인지 하얀 건 밥이라는
생각에 뭔가 씹히더라도 그냥 먹더라고요.
또, '김에 싼 밥'만 고집하는 아기에게는 맨밥 대신 재료 섞은 밥을 김에 싸주는 것도 영양을 챙기는 방법입니다.

맨밥 응용 요리 1

하얀볶음밥 1

맨밥 응용 요리 2

하얀볶음밥 2

재료

- ☐ 다진 무 2T
- ☐ 다진 콩나물 몸통 2T
- ☐ 밥 ½그릇
- ☐ 물 ½컵
- ☐ 식물성 오일 1T

재료

- ☐ 다진 양파 2T
- ☐ 달걀흰자 1개분
- ☐ 밥 ½공기
- ☐ 식물성 오일 1T

❶ 팬에 무와 콩나물, 물을 붓고 끓입니다.

❷ 숨이 죽었다 싶으면 식물성 오일을 두른 후 밥을
넣고 같이 볶으세요.

* 밥만 먹으려 하는 경우가 아닐 경우 멸칫가루나 새우가루 1큰술
정도 넣어서 만들면 정말 괜찮은 이유식이 됩니다.
식감이 예술이거든요. 하지만… 밥만 먹으려고 하고 식감이 많이
예민한 아기라면 무만 넣고 만드는 것도 좋은 방법입니다.

❶ 오일을 두른 팬에 다진 양파를 볶으세요.

❷ ①에 달걀흰자만 넣고 저으며 익혀
스크램블드에그를 만듭니다.

❸ 밥을 넣고 잘 섞으면서 마무리해요.

* 몽글몽글한 느낌과 달걀흰자의 고소함,
양파의 깔끔함이 조화를 이룬 이유식입니다.

밥과 반찬을 한 번에 1

약밥

❶ 찹쌀은
씻어서 2~8시간
불립니다(시간이
오래될수록 질어지니
아기의 취향에 따라
시간을 조절하세요).
❷ ①과 소 재료,
골고루 섞은 소스
재료를 합해 섞은 뒤
전기 밥솥에 넣고,
재료가 잠길 듯
말 듯하게 물을 부어
취사 버튼을 누르세요.
❸ 틀에 넣거나 한
입 크기로 뭉친 뒤
굳혀서 모양을 잡으면
완성입니다.

기본 재료
□ 찹쌀 3컵
소 재료
□ 건포도·완두콩·견과류
등 2주먹 정도
소스 재료
□ 간장 2T
□ 아가베 시럽 2T
□ 참기름 2T

유아식

밥과 반찬을 한 번에 2

밥말이

재료

□ 밥 2T
□ 달걀 2개
□ 다진 양파 2T
□ 김 1장
□ 식물성 오일 2T

❶ 달걀 푼 물에 한 김 식은 밥과 다진 양파를 넣어 섞으세요.
❷ 팬에 오일을 두르고 ①을 올려 달걀이 익기 시작하면 김을 얹습니다.
❸ 윗면이 다 익기 전에 돌돌 말아요. 한 김 식힌 후 먹기 좋은 크기로 잘라요.

밥과 반찬을 한 번에 3

밥크로켓

볼 재료
- [ ] 찐 감자 2개
- [ ] 밥 2T
- [ ] 참치 2T
- [ ] 다진 양파 2T
- [ ] 다진 당근 2T

튀김옷 재료
- [ ] 달걀 1개
- [ ] 빵가루 3T
- [ ] 밀가루 적당량

❶ 감자를 으깬 후, 나머지 볼 재료와 섞어 한 입 크기로 뭉치세요.
❷ ①을 밀가루, 달걀물, 빵가루 순으로 묻힌 후,
튀기거나 170℃ 오븐에 10분간 구우면 완성입니다.

밥과 반찬을 한 번에 4

밥스테이크

재료

☐ 다진 쇠고기 4T
☐ 밥 3T
☐ 다진 양파 3T
☐ 다진 당근 3T
☐ 달걀 1개
☐ 식물성 오일 1T

소스 재료

☐ 올리브유 1T
☐ 다진마늘 ½T
☐ 다진양파 1T
☐ 굴소스 1T
☐ 아가베시럽 2T

❶ 동글납작한 그릇의 내부에 오일을 바른 후, 나머지 모든 재료를 골고루 섞어 담습니다.

❷ 전자레인지에 5분간 돌리세요.

❸ 꺼내서 마른 팬에 양면을 노릇노릇하게 바싹 익힙니다.

❹ 올리브유, 마늘, 양파를 볶다가 익으면 굴소스와 아가베 시럽을 넣어 섞어요.

＊어른용으로는 올리브유 대신 버터를 넣고 맛술을 1T 추가하시면 훨씬 풍미짙은 소스를 만들 수 있답니다.

밥과 반찬을 한 번에 5

밥만두

재료

- ☐ 다진 쇠고기 5T
- ☐ 밥 2T(수북하게)
- ☐ 달걀 1개
- ☐ 다진 부추 2T
- ☐ 다진 양파 2T
- ☐ 빵가루 2T
- ☐ 참기름 2T
- ☐ 간장 2T
- ☐ 밀가루 적당량

❶ 밀가루를 제외한 모든 재료를 섞어 아기 한 입 크기로 뭉치세요.

❷ 밀가루에 한 번 굴리고 5분 정도 둡니다.

❸ 밀가루가 모두 흡수되었다 싶으면 한 번 더 굴린 후 20분간 찌세요.

6
아기
뱃고래
늘리기

결혼 전에는 몰랐던 사실. 김밥은 절대 다이어트 할 때 먹어서 안 되는 음식이라는 것. 김밥을 직접 싸보면 밥이
정말 많이 들어가는 음식이라는 걸 알게 되지요. 게다가 김밥은 왠지 간식처럼 느껴져서 그런지 한 개 두 개 집어
먹다 보면 끝도 없이 들어가기 일쑤입니다.

아기들도 그렇게 느끼나 봅니다. 우리 아기가 처음으로 자신의 손으로 끝까지 빈 접시를 보이며 싹싹 비워낸 것이
바로 고구마김밥이었습니다. 우리 아기는 입이 정말 짧아서 조금을 먹이더라도 고단백, 고열량 음식을 먹이기
위해 애를 썼답니다. 그냥 밥보다는 참기름에 비벼주고, 볶음밥을 해주고, 치즈라도 한 장 더 얹어주곤 했지요.
하지만 그런 음식들은 한 그릇을 끝까지 비워낸 적이 없는 것 같습니다.

한동안 원래 입이 짧아 그러려니 했는데, 김밥을 다 먹는 걸 보면서 문득 든 생각이 뱃고래가 작아서 그동안
밥을 다 못 먹은 게 아닌가 싶더라고요. 어른도 위가 한 번 늘어나면 줄이기 쉽지 않다는 생각이 들면서, 뱃고래
늘리기에 한몫을 해줄 음식을 찾았습니다. 그래서 생각해낸 것이 바로 여러 가지 맛의 주먹밥, 김밥입니다.
아름다운 음식을 좋아하는 아기에게 그냥 비빔밥을 주는 것보다는 비빔밥을 뭉쳐서 주먹밥을 주는 것이
시각적으로 더 만족을 주는 것 같았고, 밥을 떠먹는 것보다 손으로 집어 먹는 재미가 있어서인지 은근히 평소보다
많이 먹는 것 같더라고요. 내 새끼 입에 밥 들어가는 모습은 참으로 아름답지요?

주먹밥 요리 1

쇠고기김치 치즈주먹밥

주먹밥 요리 2

브로콜리생선 주먹밥

기본 재료

☐ 밥 ½공기
☐ 아기 치즈 1장
☐ 식물성 오일 1T

소 재료

☐ 다진 쇠고기 1T
☐ 씻어서 다진 김치 1T
☐ 아가베 시럽 1T

❶ 오일을 두른 팬에 소 재료를 볶습니다.
❷ 밥과 ①을 섞은 뒤 주먹밥 틀에 넣고 누르세요.
❸ ②를 빼고, 다시 주먹밥 틀로 치즈를 찍어 주먹밥 위에 올립니다.
❹ 밥의 온기로 치즈가 약간 녹아 밥에 착 감기면 완성입니다.

재료

☐ 밥 ½공기
☐ 익힌 생선살 2T
☐ 다진 브로콜리 1T
☐ 다진 양파 1T
☐ 멸칫가루 1T
☐ 참기름 1T
☐ 식물성 오일 1T

❶ 오일을 두른 팬에 다진 브로콜리와 양파를 볶으세요.
❷ ①과 나머지 재료를 모두 섞은 후 주먹밥 틀로 찍어냅니다.

주먹밥 요리 3

참깨쇠고기
주먹밥

주먹밥 요리 4

김된장
주먹밥

재료

- □ 밥 ⅓공기
- □ 다진 쇠고기 2T
- □ 다진 브로콜리 1T
- □ 참깨 2T
- □ 참기름 1T
- □ 식물성 오일 2T

주먹밥 재료

- □ 밥 ⅓공기
- □ 체에 내린 된장 1t
- □ 아가베 시럽 1t
- □ 으깬 두부 1T
- □ 참기름 1T

나머지 재료

- □ 김 ¼장

❶ 오일을 두른 팬에 다진 쇠고기와 브로콜리를 볶으세요.

❷ 나머지 재료와 모두 섞어 아기 한 입 크기로 빚습니다.

❶ 주먹밥 재료를 골고루 섞어서 아기 한 입 크기로 동글납작하게 빚으세요.

❷ 김을 적당한 크기로 잘라 붙입니다.

밥새우고구마
주먹밥

감자도깨비
주먹밥

주먹밥 재료
- ☐ 밥 ½공기
- ☐ 새우가루 2T
- ☐ 참기름 1T

나머지 재료
- ☐ 찐 고구마 ¼개

재료
- ☐ 밥 ⅓공기
- ☐ 다진 감자 3T
- ☐ 다진 양파 1T
- ☐ 간장 1t
- ☐ 참기름 ½T
- ☐ 식물성 오일 1T

❶ 주먹밥 재료를 섞어 한 입 크기로 뭉칩니다.

❷ 작게 깍둑썰기한 찐 고구마를 주먹밥에 박으세요.

❶ 팬에 오일을 두른 후 다진 감자를 먼저 볶다가 다진 양파를 넣어 볶아둡니다.

❷ 밥과 간장, 참기름을 섞어 아기 반 입 크기로 뭉치세요.

❸ 손에 ①을 펼쳐 얹은 상태에서 ②를 얹고 한 번에 꼭 쥐어 ②가 ①에 박히게 만듭니다.

멸치치즈 주먹밥

새우 주먹밥

주먹밥 재료

□ 밥 ½공기
□ 멸칫가루 2T
□ 참기름 1T

나머지 재료

□ 아기 치즈 1장

❶ 멸칫가루, 밥, 참기름을 골고루 섞어 아기 한 입 크기로 볼을 만듭니다.
❷ 볼 사이에 치즈를 넣고 치즈가 녹을 때까지 약한 불에서 마른 팬에 구워요.

재료

□ 밥 ½ 공기
□ 다진 새우살 2T
□ 다진 양파 1T
□ 새우가루 1T
□ 식물성 오일 2T

❶ 오일(1T)을 두른 팬에 다진 새우살을 볶아둡니다.
❷ 다른 팬에 오일(1T)을 두르고 다진 양파 ⇨ 밥 ⇨ 새우가루 순으로 추가하며 볶으세요.
❸ 주먹밥 틀에 ①을 먼저 깔고 ②를 넣어 눌렀다가 뺍니다.

참치샐러드 주먹밥

브로콜리치즈 주먹밥

재료

□ 밥 ½공기
□ 참치 2T
□ 다진 양파 1T
□ 캐요네즈 1T(160쪽 참조)
□ 식물성 오일 1T

재료

□ 밥 ½공기
□ 다진 브로콜리 2T
□ 참기름 1T
□ 아기 치즈 1장

❶ 오일을 두른 팬에 다진 양파를 투명해질 때까지 볶으세요.
❷ ①과 나머지 재료를 골고루 섞어서 아기 한 입 크기로 빚습니다.

❶ 참기름을 두른 팬에 다진 브로콜리를 볶은 뒤 밥과 고루 섞으세요.
❷ ①을 주먹밥 틀에 넣어 눌렀다 빼고, 아기 치즈도 주먹밥 틀로 찍어 주먹밥과 같은 모양으로 만듭니다.
❸ 치즈를 주먹밥 위에 놓고 살짝 녹아 밥에 감기면 완성입니다.

주먹밥 요리 11

달걀 얹은 주먹밥

주먹밥 요리 12

밤콩달걀 주먹밥

재료
- □ 밥 ½공기
- □ 달걀 1개
- □ 간장 1t
- □ 참기름 1t
- □ 김 ¼장
- □ 식물성 오일 2T

❶ 달걀을 풀어 오일을 두른 팬에 약한 불로 부친 후 한 입 크기로 자릅니다.
❷ 밥, 간장, 참기름을 섞어 한 입 크기로 뭉치세요.
❸ ② 위에 ①을 얹고 김으로 띠를 둘러 완성합니다.

재료
- □ 밤콩밥 ½공기
- □ 달걀 1개
- □ 참기름 1T
- □ 식물성 오일 1T

❶ 오일을 두른 팬에 달걀을 풀어 젓가락으로 섞어가며 익혀 스크램블드에그를 만들어요.
❷ 재료를 골고루 섞어 주먹밥 틀에 넣고 눌러서 완성합니다.

비상 상비약 같은 ● 김밥 요리

김밥

신혼 초에 김밥을 처음으로 싸다가 식겁을 한 적이 있었는데요,

그때 말았던 김밥의 속재료가 8가지였던가….

온 주방은 전쟁터였고, 생각보다 맛도 없었고….

아무튼 '다시는 김밥 싸지 않으리' 결심했었더랬지요.

하지만 아기님이 잘 드셔주시니 항상 '을'인 엄마는 어쩔 수 없이 부지런히 쌀 수밖에 없었고,

하다 보니 조금씩 요령도 생기더라고요. 공유하겠습니다!

김밥은 일단 재료가 많이 들어간다는 고정관념만 버리면 언제든 후다닥 쌀 수 있는 음식입니다.

더군다나 이유식 김밥은 재료가 많이 들어가면 아기가 먹을 수 없을 정도로 커져버려서 곤란해지지요.

일단, 김밥을 자주 싼다는 전제하에 김밥 김과 단무지 그리고 우엉

(요즘 마트에 가면 김밥용으로 잘 나와 있습니다)

이 3세트를 냉장고에 상비해두세요.

언제든 먹이고 싶은 재료를 힘들이지 않고 먹이기에 김밥만한 게 없답니다!

❶ 조미밥 : 고두밥이 좋고, 간이 잘되어야 맛있습니다. 하지만 김밥은 자칫 체하기가 쉽고, 아기는 소화력이 부족하기 때문에 맛이 떨어지더라도 진밥으로 만드는 것이 좋습니다.
어른 김밥은 김밥 1줄 기준으로 소금 1t, 참기름 1T를 넣고, 이유식 김밥은 참기름 1t만 넣으세요.

❷ 김 : '구워 나온 김밥 김' 종류로 구매하여 거친 면이 위로 오도록 둔 다음 김밥을 말면 됩니다. 이유식 김밥은 김을 ½로 잘라서 사용하면 좋아요. 초보자인 저는 ¼로 하면 속 재료가 세 종류만 들어가도 잘 안 말아지고, 한 장을 다 쓰면 밥 양을 조절하기가 힘들더라고요. 김밥 말기가 서툴다면 되도록 김밥 발을 사용하는 게 좋아요. 세척이 귀찮다면 비닐을 씌워 사용하면 편합니다.

❸ 기타 부재료 : 시중에서 단무지를 사서 쓸 경우는 물에 담가두었다가 넣으세요. 이렇게 하면 짠 기도 빠지고 첨가물도 빠지지요. 물에 담갔던 단무지는 어른 김밥을 쌀 때는 2개씩 넣으면 간이 잘 맞습니다. 물론 이유식 김밥은 1개만 넣고요. 그리고 우엉은 김밥의 맛을 잡아주는 역할을 톡톡히 합니다. 이왕이면 넣어주세요.

❹ 김밥 싸기 : 김에 밥을 펼 때는 손에 물을 묻혀 최대한 얇게 펴세요. 밥이 많으면 아기가 먹기 힘들어져요. 재료는 단무지와 우엉을 기본 재료로 하고 먹이고 싶은 재료를 길게 만들어 넣으면 됩니다. 재료를 올릴 때는 펴놓은 밥의 끝에서 2~3cm 위부터 올리면 되고요. 자, 이제 시작해볼까요?

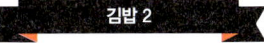

김밥 1

멸치김밥

재료

- ☐ 참기름 1t를 넣은 밥 ½공기
- ☐ 김밥 김 ½장
- ☐ 단무지 ½줄
- ☐ 우엉 ½줄
- ☐ 잔멸치 2T
- ☐ 아가베 시럽 1T

❶ 멸치는 물에 씻은 후, 마른 팬에서 볶아 수분을 날리세요.

❷ ①에 아가베 시럽을 넣고 불을 끕니다.

❸ 김에 밥을 깔고 나머지 모든 재료를 올려서 돌돌 말아 먹기 좋은 크기로 잘라요.

김밥 2

치즈김밥

재료

- ☐ 참기름 1t를 넣은 밥 ½공기
- ☐ 김밥 김 ½장
- ☐ 단무지 ½줄
- ☐ 우엉 ½줄
- ☐ 아기 치즈 ½장

❶ 아기 치즈를 잘라서 겹쳐 두께가 있게 만들어요.

❷ 김에 밥을 깔고 나머지 모든 재료를 올려서 돌돌 말아 먹기 좋은 크기로 잘라요.

김밥 3

크래미김밥

재료

- □ 참기름 1t를 넣은 밥 ½공기
- □ 김밥 김 ½장
- □ 단무지 ½줄
- □ 우엉 ½줄
- □ 크래미 ½줄
- □ 마요네즈 1T

❶ 크래미를 살짝 데친 후 ½로 쪼개둡니다.

❷ 김에 밥을 깔고 ①과 나머지 모든 재료를 올려서
돌돌 말아요.

김밥 4

어묵김밥

재료

- □ 참기름 1t를 넣은 밥 ½공기
- □ 김밥 김 ½장
- □ 단무지 ½줄
- □ 우엉 ½줄
- □ 어묵 단무지 ½줄과 같은 크기,
같은 양으로 길게 자른 것

❶ 길게 자른 어묵을 뜨거운 물에 살짝 데친 후 마른
팬에 굽습니다.

❷ 김에 밥을 깔고 ①과 나머지 모든 재료를 올려서
돌돌 말아요.

249

당근김밥

두부김밥

재료

- ☐ 참기름 1t를 넣은 밥 ½공기
- ☐ 김밥 김 ½장
- ☐ 단무지 ½줄
- ☐ 우엉 ½줄
- ☐ 당근 ¼개
- ☐ 참기름 1T

재료

- ☐ 참기름 1t를 넣은 밥 ½공기
- ☐ 김밥 김 ½장
- ☐ 단무지 ½줄
- ☐ 우엉 ½줄
- ☐ 두부 ½모
- ☐ 참기름 1T

❶ 당근을 채칼로 가늘게 채 썰어요.

❷ ①을 참기름에 볶으세요.

❸ 김 위에 밥을 깔고 ②와 나머지 모든 재료를 올려서 돌돌 말아요.

❶ 두부를 길게 썰어 참기름을 두른 팬에 바짝 굽습니다.

❷ 김 위에 밥을 깔고 ①과 나머지 모든 재료를 올려서 돌돌 말아요.

김밥 7

참치밥샌드

그래도, '나는 김밥은 영~아니다' 하시는 분들을 위해 말지 않고 김밥 싸는 법을 알려드리겠습니다.

일명 밥샌드인데요, 찬찬히 따라 해보실까요?

기본 재료

☐ 밥 ½공기
☐ 김 ½장

샐러드 재료

☐ 참치 2큰술
☐ 단무지 2개
☐ 마요네즈 1T

❶ 단무지를 다져 다른 샐러드 재료와 함께 섞어둡니다.

❷ 이유식용 그릇에 랩을 깔아요.

❸ 밥 ⇨ ① ⇨ 밥의 순서로 꾹꾹 눌러 담으세요.

❹ 랩을 이용하여 꺼낸 후, 김으로 감쌉니다.

❺ 한 입 크기로 자르면 완성입니다.

7

아빠
반찬
따라잡기

완료기 즈음에 들어서면 아기는 어른의 행동을 따라 하는 것을 좋아합니다. 자신의 입 크기에 맞게 작게 잘라준 음식보다 어른들이 먹는 크기의 음식을 먹으려 하고 엄마, 아빠의 국 마시는 모습과 젓가락질을 따라 하고 싶어 하지요. 뭐든 잘 먹이는 것에 응용하려니 이 점 역시 그냥 보이지 않더군요. 이전에 토마토소스 음식은 먹어본 적이 있어서 토마토케첩에 도전해봤는데 역시나 휘적휘적… 손사레를 치더군요. 빨간색이 낯설었나 보지요. 이건 뭐 어떻게 할 방법도 없고 해서 손놓고 있었는데, 그때 아기 아빠가 갑자기 토마토케첩 CF를 찍더라고요. 세상에서 제일 맛있어 보이게 토마토케첩을 찍어 먹으며 오버 오버…. 그렇게 연기파였는지 저도 몰랐습니다. 재밌어 보였는지 아기가 몇 번 따라 하다가 결국 토마토케첩에 정복당했습니다.

국을 처음 접했을 때도 "이게 뭔가"하면서 눈을 동그랗게 뜨고 보더군요. 이번엔 아기 아빠와 같이 역할을 나눠 우동 CF를 찍으며 '후루룩～ 후루룩～' 소리로 승부를 보았습니다. 요즘은 국 내놓으라고 "꾸～꾸～(국～국～)"거려서 조금 귀찮을 때도 있습니다. 엄마, 아빠의 연기는 건강한 입맛으로 아기를 길들이기 위해서 꼭 필요한 과정이라 생각합니다. 혼자서 먹기 힘든 채소나 나물 요리도 사랑하는 엄마, 아빠와 함께 즐겁게 먹는다면 '까까'보다 더 맛있는 음식으로 느껴질지도 모릅니다. **아이 반찬을 따로 만들기보다 어른 반찬할 때 간하기 전에 아이용으로 나눠 간만 약하게 조절하면 됩니다.** '아빠, 엄마가 먹고 있는 음식이 세상에서 제일 맛있게 생겼다'고 느껴질 수 있게 적극적으로 식사 시간에 동참하세요. 조그마한 녀석이 뭐든 따라 하려고 할 때면 그 애교에 살살 녹아나면서 식사 시간도 즐거워지고 더불어 밥도 잘 먹게 된답니다.

단호박
요구르트샐러드

미역전

기본 재료
□ 단호박 ½개
□ 달걀 1개
□ 견과류 1t

소스 재료
□ 아기 요구르트 1T
□ 아가베 시럽 1t

❶ 단호박을 잘라 찜기에 찌거나 전자레인지에 돌려
익히고 달걀도 삶아요.
❷ 단호박은 과육을 파서 으깨고 달걀은 작게 썰어요.
❸ ②와 소스 재료를 섞은 후 견과류를 얹습니다.

기본 재료
□ 분쇄한 마른 미역 2T
□ 밀가루 4T
□ 육수 약간
□ 식물성 오일 2T

채소 재료
□ 다진 양파·당근·
브로콜리 2T씩

❶ 미역은 찬물에 불리세요.
❷ ①과 오일을 제외한 나머지 재료를 모두 섞어
반죽합니다.
❸ 오일 두른 팬에 ②를 노릇하게 부쳐요.

아기 반찬 3

파닭전

아기 반찬 4

멸치양파전

재료

- ☐ 다진 닭 살코기 3T
- ☐ 달걀 ½개
- ☐ 다진 파 1T
- ☐ 식물성 오일 1T

재료

- ☐ 다진 양파 2t
- ☐ 잘게 다진 멸치 2T
- ☐ 달걀 1개
- ☐ 식물성 오일 2T

다진 닭고기와 다진 파에 달걀을 넣어 버무린 후 오일을 두른 팬 위에서 약한 불에 구워요.

다진 양파와 다진 멸치에 달걀을 넣어 섞은 뒤 오일을 두른 팬 위에서 약한 불에 구워요.

아기 반찬 5

감자완두콩 조림

아기 반찬 6

오이쇠고기 볶음

기본 재료

- ☐ 납작하게 썬 감자 ½개 분량
- ☐ 완두콩 3T
- ☐ 물 1컵
- ☐ 식물성 오일 1T

소스 재료

- ☐ 간장 1t
- ☐ 아가베 시럽 1t

재료

- ☐ 다진 오이 3T
- ☐ 다진 쇠고기 2T
- ☐ 깨소금 1t
- ☐ 식물성 오일 1T
- ☐ 소금 1t

❶ 팬에 오일을 두르고 아기 한 입 크기로 납작하게 썬 감자를 볶아요. ❷ 기름이 없어지면 물과 완두콩을 넣고 뚜껑을 닫은 후 약한 불에서 조립니다. ❸ 물이 반쯤 졸아들면 소스 재료를 넣고 섞으며 좀 더 조려요.

❶ 오이에 소금을 뿌려둡니다.
❷ 물기가 생기면 키친타월로 닦아내세요.
❸ 오일을 두른 팬에 ②와 쇠고기를 함께 볶은 뒤 깨소금을 뿌립니다.

아기 반찬 7

고구마달걀찜

아기 반찬 8

두부키슈

재료

□ 다진 고구마 3T
□ 달걀 1개
□ 우유 4T

재료

□ 두부 ⅙모
□ 달걀 1개
□ 우유 1T
□ 아기 치즈 1장
□ 다진 당근 1T
□ 다진 양파 1T
□ 새우가루 1T

재료를 모두 섞은 후, 전자레인지에 4~5분간 돌려 완성합니다.

❶ 두부를 아기 한 입 크기로 썰어요.
❷ 치즈를 제외한 모든 재료를 섞어둡니다.
❸ ②에 치즈를 올린 후, 170℃ 오븐에 15분, 또는 전자레인지에 4~5분간 익히세요.

시금치참깨무침

무나물

기본 재료
- ☐ 시금치 7~8장
- ☐ 식물성 오일 1T

소스 재료
- ☐ 국간장 1T
- ☐ 참기름 1T
- ☐ 깨소금 1

기본 재료
- ☐ 무 5cm 두께 1토막

소스 재료
- ☐ 들기름 1T
- ☐ 국간장 1t
- ☐ 깨소금 1T

❶ 시금치는 사방 2cm 크기로 다진 후 데치세요.

❷ ①에 소스 재료를 섞어 조물조물 무칩니다(시금치 무침은 30분 정도 후에야 간이 뱁니다. 만들고 금방 먹이면 짜서 먹기 힘들어 하므로 먹기 30분 전에 만들어 준비해주세요).

❶ 무는 가늘게 채 썰어요.

❷ 마른 팬에 ①을 넣고 뚜껑을 덮은 후, 약한 불로 익힙니다.

❸ ②에 소스 재료를 넣고 조물조물 무치세요.

아기 반찬 11

호박나물

아기 반찬 12

감자무침

기본 재료
☐ 애호박 ½개
☐ 물 ½컵

소스 재료
☐ 국간장 1t
☐ 참기름 1T
☐ 깨소금 1t

기본 재료
☐ 감자 1개
☐ 식물성 오일 1T

소스 재료
☐ 마요네즈 2T
☐ 아가베 시럽 ⅓t

❶ 애호박은 가늘게 채 썰어 물을 넣은 팬에 익히세요.
❷ 호박의 숨이 죽으면 소스 재료를 넣고 약한 불에서
조립니다.

❶ 감자는 가늘게 채 썰어요.
❷ 오일을 두른 팬에 감자를 볶다가 익으면 소스에
버무려서 완성합니다.

까까 인듯
간식 같은
한 끼

한 끼에 상을 세 번 차려본 엄마들은 이해하실 겁니다. 밥도 아니다. 국도 아니다. 반찬도 싫다. 한 그릇 음식도
싫다. 김밥도 싫다…. '굶어 죽자는 거임??' 머리끝까지 화가 치솟다가도 가까스로 이성을 찾으면서 '이거라도
먹자'라고 하며 밥을 대체할 만한 음식을 찾아서 먹이곤 했었지요.

한국 사람은 밥을 먹어야 한다는 강박관념 때문에 밥이 아닌 것으로 한 끼를 먹이기가 좀 주저되긴 했습니다.
하지만 '실제로 따져보면 영양가는 밥 못지않음'을 되뇌면서 "네가 미국에서 태어났다면 이런 걸 먹고 살지
않았겠어?"라고 혼잣말해가며 먹이곤 했지요. 속이 좋지 않거나 컨디션이 별로 좋지 않은 날, 잠을 푹 자지
못한 날 등 '까칠한 왕자님의 그날'에는 엄마도 힘듭니다. 괜한 신경전으로 쫄쫄 굶는 것보다는 아기가
좋아하는, 영양가 있는 홈메이드 까까를 한 끼 정도 주는 것도 괜찮다고 봅니다. "맘마 먹자~" 하면 "아니야"
도리도리 하다가, "까까 먹자~" 하면 웃으면서 "주떼요"를 연발하는 아기. 과연 엄마가 좋을까, 까까가 좋을까
궁금해지기도 했지만…. 까까라고 답할까 봐 차마 물어보지는 못했습니다.

마트 갈 때나 주사를 맞을 때 등 까까의 위력이 대단한 건 알았지만 요즘은 '까까'가 '까느님'처럼 느껴지기도
합니다. 우리 집에 사는 왕자님의 '그날'에 제공했던 음식들. 맘마가 아닌 까까를 찾는 아기에게 간단하게 먹일 수
있는 까까 같은 맘마들을 정리해보았습니다.

까까 인듯 간식 같은 한 끼 1

단호박롤

  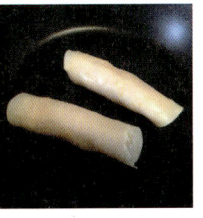

기본 재료
☐ 단호박 ¼개
☐ 우유 1T
☐ 만두피 2장

❶ 단호박을 잘라 찌거나 전자레인지에 5분 정도 돌려서 익힙니다.
❷ 과육만 으깨어 우유와 섞은 후 만두피에 얹어 돌돌 말아요.
❸ 마른 팬에 약한 불로 구운 후 아기 한 입 크기로 자르세요.

까까 인듯 간식 같은 한 끼 2

찰떡오트밀

재료

☐ 찹쌀가루 5T
☐ 뜨거운 생수 8T
☐ 다진 오트밀 시리얼과 건과일 약 2T

❶ 찹쌀가루와 뜨거운 생수를 섞어 반죽합니다.
❷ ①을 전자레인지에 3분간 익히세요.
❸ ②를 손톱 크기로 떼어 볼을 만들어요.
❹ ③에 시리얼이나 건과일을 붙여 완성합니다.

까까 인듯 간식 같은 한 끼 3

감자양파수프

재료

- □ 삶아 으깬 감자 1컵
- □ 다진 양파 2T
- □ 우유(분유) ⅔컵
- □ 아기 치즈 1장
- □ 식물성 오일 1T

❶ 오일을 두른 팬에 다진 양파를 투명해질 때까지 볶습니다.
❷ ①에 삶아 으깬 감자와 우유(또는 분유)를 넣어 끓이다가 마지막에 치즈를 올리세요.

바나나빵

우동샐러드

기본 재료

- [ ] 으깬 바나나 2개분
- [ ] 밀가루 ⅔컵
- [ ] 베이킹파우더 2t
- [ ] 식물성 오일 7T
- [ ] 달걀 2개
- [ ] 아가베 시럽 1T

모든 재료를 섞어 반죽한 후 170℃ 오븐에서 40분간 구우세요.

기본 재료

- [ ] 우동 면 ½인분(100g)
- [ ] 다진 파 1T
- [ ] 김가루 1T

소스 재료

- [ ] 간장 1t
- [ ] 아가베 시럽 1t
- [ ] 식초 1t
- [ ] 참기름 1t

❶ 우동 면은 끓는 물에 데쳐 잘게 자릅니다.
❷ 다진 파, 김가루, 소스 재료와 버무리세요.

유 아 식

까까 인듯 간식 같은 한 끼 6

고구마라테와 빵

까까 인듯 간식 같은 한 끼 7

옥수수수프

재료

☐ 삶은 고구마 3T
☐ 우유 ½컵
☐ 식빵 1개
☐ 계핏가루 1t

재료

☐ 밥 ½공기
☐ 삶은 옥수수 알 3T
☐ 우유 ½컵
☐ 물 약간
☐ 아기 치즈 1장

❶ 삶은 고구마와 우유를 믹서에 거품이 나도록 간 후 계핏가루를 뿌려요.
❷ 식빵의 테두리를 잘라내고 아기 한 입 크기로 잘라서 곁들이세요.

❶ 밥과 옥수수, 약간의 물을 믹서에 넣고 곱게 갈아요.
❷ ①을 냄비에 넣고 우유를 부어 끓입니다.
❸ ②에 아기 치즈 1장을 올려서 녹으면 완성입니다.
＊어금니가 난 아기의 경우에는 옥수수를 반만 갈아서 수프에 넣고 반은 통째로 수프에 섞으세요.
＊캔에 담긴 옥수수를 사용할 때는 뜨거운 물에 데쳐서 첨가물을 제거한 후에 사용하세요.

까까 인듯 간식 같은 한 끼 8

고구마볼

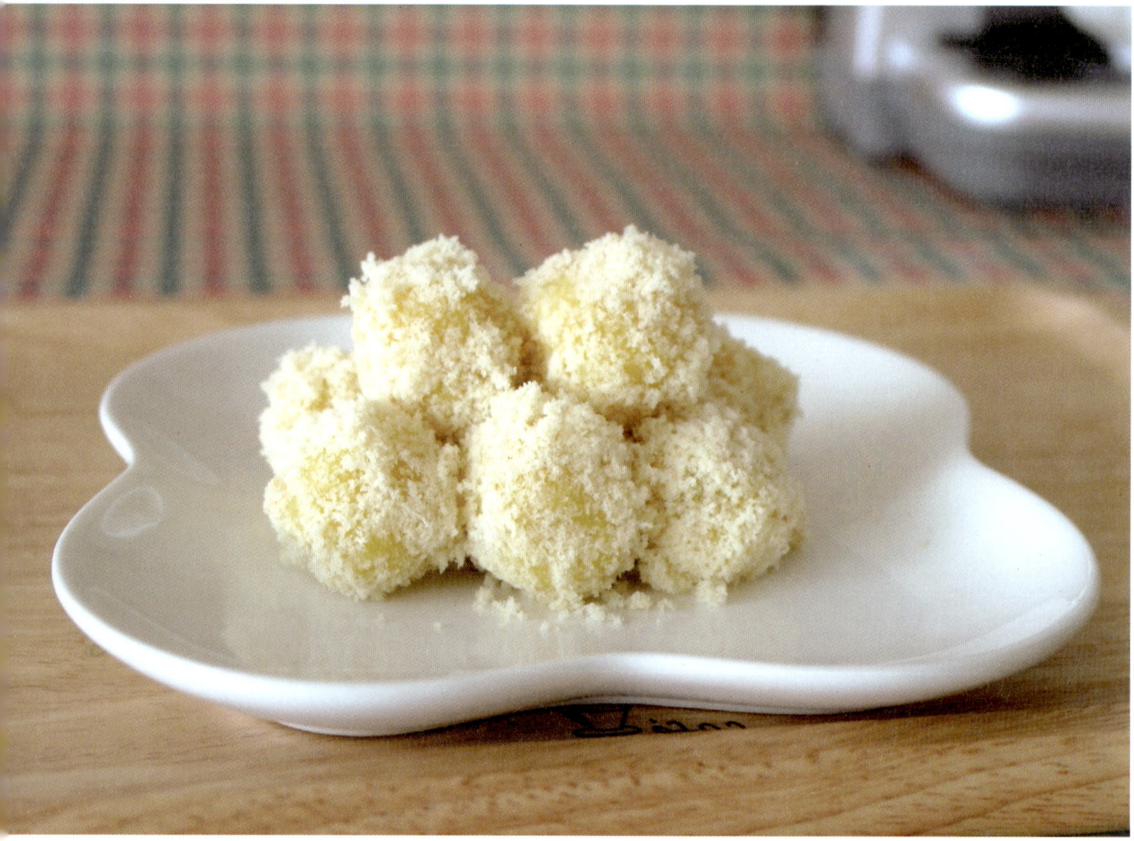

재료

□ 삶아 으깬 고구마 ½개분
□ 다진 사과 2T
□ 카스텔라 가루 3T

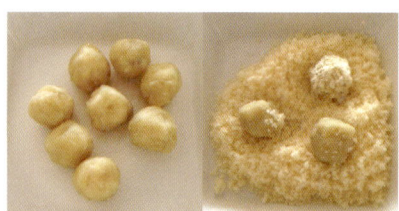

❶ 으깬 고구마와 사과를 뭉쳐 볼을 만들어요.
❷ 카스텔라를 믹서에 갈아 가루를 만든 후, ①을 굴리세요.

까까 인듯 간식 같은 한 끼 9

콩소메

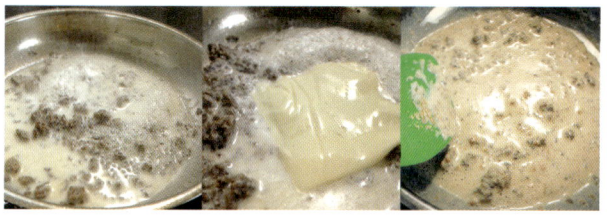

재료
- □ 다진 쇠고기 2T
- □ 우유 ½컵
- □ 아기 치즈 1장
- □ 콩가루 1T
- □ 식물성 오일 1T

❶ 다진 쇠고기는 오일을 두른 팬에 보슬보슬하게 볶으세요.
❷ ①에 우유와 치즈를 넣어 섞어요.
❸ ②에 콩가루를 넣되 농도를 조절해가며 약간 묽다 싶을 때까지 저으면서 넣습니다.
❹ 아기 한 입 크기로 자른 식빵을 ③에 담가 촉촉해지면 완성입니다.

*콩가루는 시간이 지나면 굳어지는 성질이 있습니다. 처음부터 농도를 맞추지 말고 약간 묽게 완성하세요.

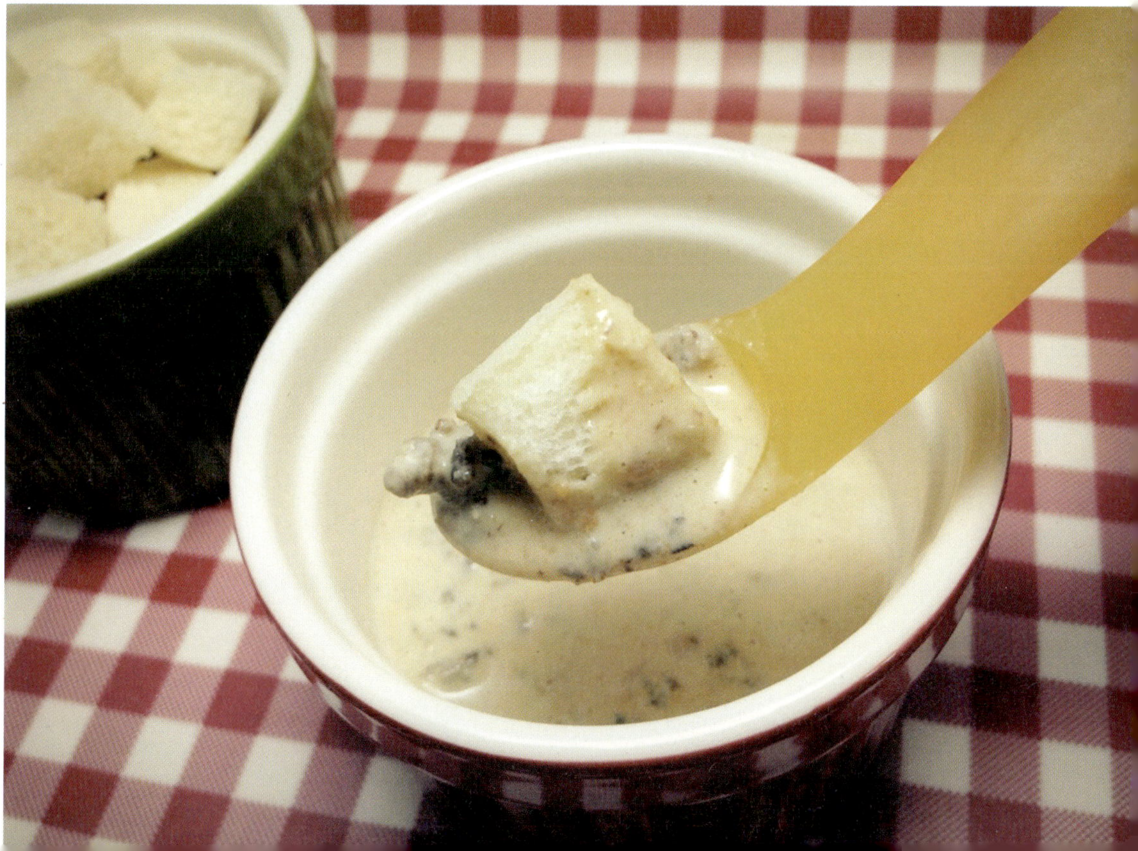

까까 인듯 간식 같은 한 끼 10

분유 크루통

재료
- ☐ **식빵 1장**
- ☐ **분유(또는 우유) 2T**
- ☐ **아가베 시럽 1T**
- ☐ **식물성 오일 1T**

❶ 식빵을 아기 한입 크기로 잘라 오일을 두른 팬에 굽습니다.
❷ ①에 아가베 시럽을 뿌려 코팅한 후, 분유를 골고루 뿌립니다.
❸ 약한 불에서 노릇노릇할 때까지 구우면 '누네띠네' 맛의 크루통이 완성됩니다.

까까 인듯 간식 같은 한 끼 11

사과크레페

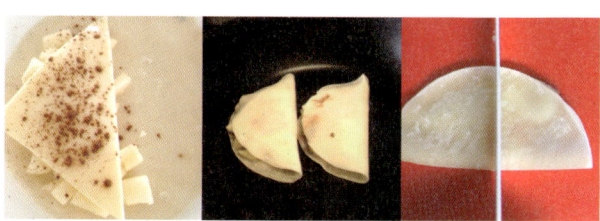

재료

□ 다진 사과 1T
□ 아기 치즈 ½장
□ 만두피 1장
□ 계핏가루 약간

❶ 만두피 위 반쪽에 사과, 치즈, 계핏가루를 얹습니다.
❷ 반으로 접어 마른 팬에서 치즈가 녹을 때까지 구워요.
❸ 접은 부분과 수직이 되도록 잘라서 완성합니다.

까까 인듯 간식 같은 한 끼 12

아기새우깡

반죽 재료
- ☐ 핫케이크 가루 3T
- ☐ 새우가루 2T
- ☐ 우유 4T

소스 재료
- ☐ 식물성 오일 2T

❶ 반죽 재료를 잘 섞어요.
❷ 팬에 오일을 두르고 약한 불에 먹음직스럽게 구워요.
❸ 손에 쥐고 먹을 수 있게 자르면 완성입니다.

유 아 식

까까 인듯 간식 같은 한 끼 13

치즈롤빵과 사과주스

치즈롤빵 재료
- [ ] 식빵 1장
- [ ] 아기 치즈 1장
- [ ] 아가베 시럽 ½T

사과주스 재료
- [ ] 사과 ¼개
- [ ] 요구르트 ½개

❶ 식빵은 테두리를 자르고 밀대로 밀어요.

❷ ①에 아가베 시럽을 펴 바르고 치즈를 올립니다.

❸ 돌돌 말아 치즈 포장지로 잠시 고정한 후 아기 한 입 크기로 자르세요.

❹ 사과와 요구르트를 믹서에 함께 넣고 갈아서 곁들이면 완성입니다.

건강한 입맛을 길러주는
엄마의 이유식

엄마로 하여금 이유식에 관해 숱한 시행착오와 어려운 과정을 거치게 하고, 마침내 이유식 공식을 만들기까지의 공은 순전히 입 짧고 까칠한(?) 저의 큰 아이 덕분입니다. 이 아이가 음식을 대할 때 어떻게 변했는지 궁금하실 겁니다. 물론 앞서 프롤로그를 보신 독자분들이라면 눈치채셨겠지요. 지금은 밥때가 되면 밥이든 반찬이든 별식이든 뭘 먹은 한 끼에 한 가지씩은 꼭 한 그릇을 비웁니다. 그리고 기호가 바뀌는 주기도 조금씩 길어져 준비하기가 한결 수월해지고 있습니다. 앞서 말씀 드렸듯이 입맛도 건강식을 선호하는 입맛으로 자리를 잡게 되어 작은 목표는 달성했다고 생각합니다. 엄마의 노력으로 변한 건지, 아기 스스로 차츰 음식에 적응해가는 것인지 정확하게는 알 수 없습니다. 하지만 분명한 것은 엄마가 애쓰고 노력하면 아기도 엄마의 마음을 느낀다는 것입니다.

이렇게 단언을 하는 데는 저 나름의 이유가 있는데요, 얼마 전의 일 입니다. 우리 아기는 맘마 의자에 앉아서 식사를 합니다. 하지만 18개월이 되던 어느 날 동생이 태어난 후로 모든 습관이 틀어져버렸습니다. 엄마의 사랑을 뺏겨버린 특수 상황에서 하루에 사과 두 쪽으로 버티는 아기를 두고 볼 수가 없어, 원칙이고 뭐고 "한 번만 먹자~"며 숟가락을 들고 졸졸 따라다녔습니다. 정말 안 먹는구나 생각하며 혼잣말로 "휴~~ 한 번만 먹어주지…"라고 하며 숟가락을 내려놓으려고 했지요. 그때, 아기가 갑자기 "아~~" 하는 것이었습니다. 그러고는 딱, 한 숟갈을 먹어주더군요. 아기도 엄마의 마음을 다 알고 있었던 거지요. 별일 아니라고 생각할 수도 있지만 저로서는 상당히 충격을 받은 사건이었습니다. 정말 너무너무 먹기가 싫고 입맛이 없는 상태지만 엄마가 슬퍼하니까 딱 한 입만 먹어줬던 그날, 제 마음가짐은 더 새로워졌던 것 같습니다.

어느 의사 선생님께서 하신 말씀이 떠오르네요. "여러분의 몸을 만드는 것은 여러분이 먹는 음식입니다. 어제까지 먹은 음식이 오늘의 내 몸이라고 해도 과언이 아니지요."암이라는 무서운 병을 음식으로 치유하는 경우를 심심지 않게 볼 수 있듯이, 음식은 참으로 중요한 것입니다. 세상에 나와 음식을 처음 접하는 우리 아기에게 이유식의 중요성은 더 말할 것도 없지요. 엄마가 싱겁게 요리하는 집 아기들이 커서도 심심한 요리를 즐기고, 인스턴트 음식을 쟁여두는 집 아기들이 인스턴트 음식만 찾듯이, 아기들의 평생 입맛과 건강은 엄마의 밥 스타일인 이유식에 의해 길들기 마련입니다. 분명 이유식을 맛있게 만드는 것은 중요합니다. 하지만 맛있는 음식은 전문가들이 더 잘 만듭니다. 맛에 연연하기보다는 건강한 입맛을 길러줄 수 있는, 엄마의 사랑이 듬뿍 묻어난 '진짜 이유식'이 우리 아기들에게는 필요합니다.

참고 서적 : 〈KBS 읽기혁명팀 뇌가 좋은 아이〉(마더북스), 〈EBS 60분 부모〉(지식채널)
〈엄마는 답답해〉(책그릇), 〈처음으로 아이가 의견을 말할 때〉(세상풍경)

좋은 것만 주고 싶은
엄마의 마음을 담아
오븐 까지 사용가능한

락앤락 오븐글라스
이유식 용기 시리즈

한국능률협회컨설팅 선정 밀폐용기부문
브랜드파워 12년 연속 1위 (2004~2015)

한국소비자웰빙지수 (KS-WCI)
7년 연속 1위

reddot award 2015
honourable mention

세계 3대 디자인상 레드닷 디자인어워드
락앤락 오븐글라스 본상, 장려상 수상

※ 지금 락앤락몰 (www.locknlockmall.com)에서 안전한 락앤락 이유식 용기 시리즈를 만나보세요.